ENGLISH SHADOWING

일상
영어회화
섀도잉

3개월 후에

June Sweeney 지음

바이링구얼

영어를 마스터하는
궁극의 외국어 학습법

이미 '영어 섀도잉'이란 학습법은 유명하지만 실제로 주위에 이 방법으로 영어가 원어민 수준으로 향상된 사람은 많지 않을 것입니다. 직접 섀도잉을 시도했다가 포기한 사람도 꽤 많으리라 생각됩니다. 섀도잉 학습법은 전 세계 예비 통역사들이 통번역대학원에서 외국어를 훈련하는 방법입니다. 이 말은 곧 세계적으로 검증된 확실한 학습법이라는 것을 의미합니다.

섀도잉을 추천하는 사람들은 미드나 영화를 보며 따라서 말하면 된다고 하지만, 사실 한국에서만 평생 살아온 토종 한국인이 미드를 여러 번 보고 말을 흉내 낸다고 해서 갑자기 원어민이 하는 말의 속도와 발음을 따라가는 것은 굉장히 어렵습니다. 섀도잉을 하기 전에 소리 내어 읽는 연습을 여러 번 해서 문장이 입에 익어야 하고, 또 그보다 앞서 리스닝으로 귀를 열어 주어야 합니다. 이 책은 단순히 섀도잉 학습법이 좋다고 말하는 것이 아니라, 이 학습법이 꼭 성공할 수 있도록 단계별로 구체적인 방법을 제시하고 섀도잉할 내용도 함께 제공합니다.

영어 초급자가 미드나 영화로 섀도잉을 바로 시작하면 힘들 뿐만 아니라 자주 쓰지 않는 어려운 말도 처음부터 많이 익혀야 하기 때문에 학습 효율이 떨어지고 중간에 지쳐서 포기할 확률이 매우 높습니다. 이 책에는 일상에서 흔히 일어날 수 있는 80개의 상황이 짧은 대화문으로 담겨 있습니다. 초보자가 미드나 영화로 섀도잉을 하기 앞서 일상 대화문으로 섀도잉을 함으로써 필수 영어회화를 먼저 익히도록 하였습니다.

본 책의 MP3파일은 기존의 어학책과 달리 실제 미국인이 말하는 속도와 가장 가깝게 녹음하였고, 해당 파일은 출판사 홈페이지 또는 블로그에서 내려받을 수 있습니다.

모국어 습득 방식
5단계

---

① Listening
듣기

사람은 태어나서 글보다 말에 먼저 노출되며 이것은
언어를 습득할 때 가장 우선되어야 하는 부분입니다.
지문 없이 집중해서 원어민의 말을 반복해서 많이
들을수록 리스닝 실력이 향상되고 자신도 모르는 사이
귀가 트입니다.

② Reading
독해

독해를 통해 앞서 들은 내용의 의미를 정확히
파악함으로써 어휘력과 독해력을 키웁니다.

③ Listen and
Speak
듣고 말하기

아기들은 부모가 들려주는 말을 반복해서 듣고 그것을
따라 함으로 입을 열게 됩니다. 한국어를 먼저 익힌 우리는
영어가 익숙하지 않기 때문에 섀도잉에 앞서 소리 내어
읽는 연습을 여러 번 해서 문장이 입에 익도록 합니다.

④ Shadowing
동시에 따라
말하기

원어민의 말을 똑같이 흉내 내는 연습을 많이 할수록
발음과 억양이 좋아지고, 자신의 발음이 좋아지면
자연스럽게 그들의 말도 더 잘 들리게 됩니다.

⑤ Speaking
and Recording
말하기와 녹음

음원을 듣지 않고 얼마나 원어민에 가깝게 말할 수 있는지
확인하는 마지막 단계입니다. 원어민과 최대한 비슷해질
때까지 자신의 말을 스마트폰으로 여러 번 녹음해서 들어
보면 발음과 억양을 고치는 데 도움이 됩니다.

5단계 훈련의 학습 효과

❶ 영어 발음이 좋아지고 원어민의 말이 들리기 시작합니다.
❷ 현지 표현과 억양으로 원어민스러운 영어를 구사하게 됩니다.
❸ 무한 반복 학습으로 생각보다 말이 먼저 튀어나옵니다.

책의 구성과 활용법

DAY

1

학교 친구와 인사하기

STEP 1
LISTENING

지문을 보지 않고 이 책의 음원 파일을 귀 기울여 들어 보세요. 보지 않고 듣기만 하면 귀가 소리에 더 집중하고, 많이 들을수록 리스닝 실력도 향상됩니다.

STEP 2
READING

다음 지문을 읽고 모르는 단어나 표현은 우측 페이지의 어휘 설명을 참고해서 해석해 보세요.

What's up, Paula?
Not much. How's it going?
Pretty good except I can't do P.E. today.
Oh, is your ankle still bothering you?
Yeah. It's still sore.
Ouch! By the way, did you do the language arts homework?
No, I couldn't do it because my ankle is sore.
Yeah, right. Mrs. Larsen is going to kill you today.

STEP 1
LISTENING

책의 지문을 보지 않고 이 장의 음원 파일을 귀 기울여 들어 보세요. 보지 않고 듣기만 하면 귀가 소리에 더 집중하고, 많이 들을수록 리스닝 실력도 향상됩니다. 곰오디오, 알송 등 구간 반복이 되는 오디오 재생 프로그램을 추천합니다.

STEP 2
READING

본문을 읽고 모르는 단어와 표현은 우측 페이지의 어휘 설명을 참고해서 해석해 보세요.

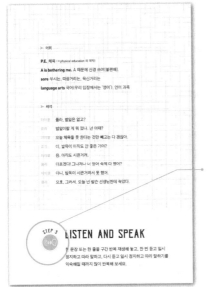

Step 3부터는 한 문장 또는
한 줄을 Step 5까지 연습하고,
그다음 줄을 다시 Step 3부터
Step 5까지 연습하는 방식입니다.

— 어휘

P.E. 체육 (= physical education 의 약자)

A is bothering me. A 때문에 신경 쓰여[불편해].

sore 쑤시는, 따끔거리는, 욱신거리는

language arts 국어(우리 입장에서는 '영어'), 언어 과목

— 해석

라일라 롤라, 별일은 없고?

조커   별일이랄 게 뭐 있나. 넌 어때?

라일라 오늘 체육을 못 한다는 것만 빼고는 다 괜찮아.

조커   이, 발목이 이직도 안 좋은 거야?

라일라 응, 아직도 시큰거려.

조커   다쳤다고 그나저나 너 영어 숙제 다 했어?

라일라 아니, 발목이 시큰거려서 못 했어.

조커   오호. 그래서. 오늘 넌 틀림은 선생님한테 죽었다.

STEP 3
LISTEN AND SPEAK

한 문장 또는 한 줄을
구간 반복 재생해 놓고,
한 번 듣고 일시 정지하고 따라
말하고, 다시 듣고 일시 정지하고
따라 말하기를 익숙해질 때까지
많이 반복해 보세요.

STEP 4
SHADOWING

앞에서 연습한 문장을 구간 반복
재생해 놓고 동시에 따라 말하기를
자연스럽게 말할 수 있을 때까지
연습해 보세요.

STEP 5
SPEAKING AND RECORDING

연습한 문장을 음원을 듣지
않고 지문도 보지 않고 혼자서
원어민과 가깝게 여러 번 말해
보세요. 자신의 말을 스마트폰으로
녹음해서 들어 보고 원어민과
최대한 비슷해질 때까지 여러 번
녹음해 보세요.

CONTENTS

PART

1

DAY

1

학교 친구와
인사하기

LISTENING

지문을 보지 않고 이 장의 음원 파일을 귀 기울여 들어 보세요.
보지 않고 듣기만 하면 귀가 소리에 더 집중하고,
많이 들을수록 리스닝 실력도 향상됩니다.

※곰오디오, 알송 등 구간 반복이 되는 오디오 재생 프로그램 추천

READING

다음 지문을 읽고 모르는 단어와 표현은
우측 페이지의 어휘 설명을 참고해서 해석해 보세요.

MICHAEL What's up, Paula?

PAULA Not much. How's it going?

MICHAEL Pretty good except I can't do P.E. today.

PAULA Oh, is your ankle still bothering you?

MICHAEL Yeah. It's still sore.

PAULA Ouch! By the way, did you do the language arts homework?

MICHAEL No, I couldn't do it because my ankle is sore.

PAULA Yeah, right. Mrs. Larsen is going to kill you today.

STEP 3 부터는 한 문장 또는 한 줄을 STEP 5 까지 연습하고,
그다음 줄을 다시 STEP 3 부터 STEP 5 까지 연습하는 방식입니다.

P.E. 체육 (※physical education 의 약자)

A is bothering me. A 때문에 신경 쓰여[불편해].

sore 쑤시는, 따끔거리는, 욱신거리는

language arts 국어(우리 입장에서는 '영어'), 언어 과목

➤ 해석

마이클   폴라, 별일은 없고?

폴라   별일이랄 게 뭐 있나. 넌 어때?

마이클   오늘 체육을 못 한다는 것만 빼고는 다 괜찮아.

폴라   아, 발목이 아직도 안 좋은 거야?

마이클   응. 아직도 시큰거려.

폴라   아프겠다! 그나저나 너 영어 숙제 다 했어?

마이클   아니, 발목이 시큰거려서 못 했어.

폴라   오호, 그러서. 오늘 넌 랄슨 선생님한테 죽었다.

LISTEN AND SPEAK

한 문장 또는 한 줄을 구간 반복 재생해 놓고, 한 번 듣고
일시 정지하고 따라 말하고, 다시 듣고 일시 정지하고
따라 말하기를 익숙해질 때까지 많이 반복해 보세요.

SHADOWING

앞에서 연습한 문장을 구간 반복 재생해 놓고,
동시에 따라 말하기를 자연스럽게 말할 수 있을
때까지 연습해 보세요.

SPEAKING AND
RECORDING

연습한 문장을 음원을 듣지 않고 지문도 보지 않고
혼자서 원어민과 가깝게 여러 번 말해 보세요.
그래도 잘 안 될 경우에는 자신의 말을 스마트폰으로
녹음해서 들어 보고 원어민과 최대한 비슷해질 때까지
여러 번 녹음해 보세요.

DAY

2

새 이웃과
인사하기

LISTENING

지문을 보지 않고 이 장의 음원 파일을 귀 기울여 들어 보세요.
보지 않고 듣기만 하면 귀가 소리에 더 집중하고,
많이 들을수록 리스닝 실력도 향상됩니다.

※ 곰오디오, 알송 등 구간 반복이 되는 오디오 재생 프로그램 추천

READING

다음 지문을 읽고 모르는 단어와 표현은
우측 페이지의 어휘 설명을 참고해서 해석해 보세요.

SCOTT   Would you hit 11, please?

HELEN   Sure. You must be the new neighbor.

SCOTT   Yes, I'm Scott. Nice to meet you.

HELEN   I'm Helen. Welcome to the neighborhood.

SCOTT   Thank you. We really like this area.

HELEN   Oh, you'll love it here. It's quiet, safe, and the schools are great.

SCOTT   That's what brought us here. Our son is a fourth grader.

HELEN   Oh, wow. Our son is a fourth grader, too.

SCOTT   No way. We should have a play date sometime.

HELEN   Sure. That would be awesome.

STEP 부터는 한 문장 또는 한 줄을 STEP 까지 연습하고,
그다음 줄을 다시 STEP 부터 STEP 까지 연습하는 방식입니다.

14

hit (the button) (버튼을) 누르다

You'll love it. 너가 굉장히 마음에 들어 할 거야.

A brought me here. 내가 여기 온 이유는 A 때문이야.

No way. 말도 안 돼., 웬 일이야.

play date 놀이 약속 (※부모들끼리 시간 및 장소를 정해 아이들을 함께 놀게 하는 것)

➤ 해석

스콧   11층 좀 눌러 주시겠어요?

헬렌   물론이죠. 새로 이사 오셨나 봐요.

스콧   네, 스콧이라고 합니다. 반갑습니다.

헬렌   저는 헬렌이에요. 이사 오신 거 환영해요.

스콧   감사합니다. 동네가 참 맘에 들어요.

헬렌   아우, 아마 마음에 쏙 드실 걸요. 조용하고, 안전하고, 학교도 좋아요.

스콧   저희가 여기로 이사 온 이유도 바로 그것 때문이에요. 제 아들이

　　　 4학년이거든요.

헬렌   어머. 저희 아들도 4학년이에요.

스콧   아니, 이런 일이. 언제 한번 같이 놀게 해야겠네요.

헬렌   네. 그럼 정말 좋죠.

STEP 3
LISTEN AND SPEAK

한 문장 또는 한 줄을 구간 반복 재생해 놓고, 한 번 듣고
일시 정지하고 따라 말하고, 다시 듣고 일시 정지하고
따라 말하기를 익숙해질 때까지 많이 반복해 보세요.

STEP 4

SHADOWING

앞에서 연습한 문장을 구간 반복 재생해 놓고,
동시에 따라 말하기를 자연스럽게 말할 수 있을
때까지 연습해 보세요.

STEP 5

SPEAKING AND
RECORDING

연습한 문장을 음원을 듣지 않고 지문도 보지 않고
혼자서 원어민과 가깝게 여러 번 말해 보세요.
그래도 잘 안 될 경우에는 자신의 말을 스마트폰으로
녹음해서 들어 보고 원어민과 최대한 비슷해질 때까지
여러 번 녹음해 보세요.

DAY

3

심심해서
친구에게
전화하기

LISTENING

지문을 보지 않고 이 장의 음원 파일을 귀 기울여 들어 보세요.
보지 않고 듣기만 하면 귀가 소리에 더 집중하고,
많이 들을수록 리스닝 실력도 향상됩니다.

※곰오디오, 알송 등 구간 반복이 되는 오디오 재생 프로그램 추천

READING

다음 지문을 읽고 모르는 단어와 표현은
우측 페이지의 어휘 설명을 참고해서 해석해 보세요.

AMY   Hey, it's Amy. How are you doing?

JACK   Just fine. What's going on?

AMY   I just wanted to see if you're OK.

JACK   Why wouldn't I be?

AMY   Well, if you're feeling down, or if you need
someone to drink with, I can come over.

JACK   So, you're telling me that you want to come over
here.

AMY   Just for your sake.

JACK   I see. OK, come over.

AMY   Thanks, man. I'll be right there.

STEP 부터는 한 문장 또는 한 줄을 STEP 까지 연습하고,
그다음 줄을 다시 STEP 부터 STEP 까지 연습하는 방식입니다.

feel down 기분이 별로이다, 우울하다

come over 가다, 오다 (※ 두 경우에 모두 사용함.)

You're telling me that A. 그러니까 네 말은 A라는 거네.

for someone's sake '누구'를 위해서

➤ 해석

에이미   여보세요, 나 에이미야. 어떻게 지내?

잭   그냥 그럭저럭. 무슨 일이야?

에이미   그냥 너 괜찮나 싶어서.

잭   내가 안 괜찮을 건 또 뭐야?

에이미   뭐, 기분이 영 별로라든가, 술 한 잔 같이 할 사람이 필요하다든가 하면,

         내가 가 주려고 그러지.

잭   그러니까 우리 집에 오고 싶다는 얘기네.

에이미   다 너를 위해서란다.

잭   알았다. 와라, 와.

에이미   고맙다, 야. 금방 갈게.

LISTEN AND SPEAK

한 문장 또는 한 줄을 구간 반복 재생해 놓고, 한 번 듣고
일시 정지하고 따라 말하고, 다시 듣고 일시 정지하고
따라 말하기를 익숙해질 때까지 많이 반복해 보세요.

STEP 4

SHADOWING

앞에서 연습한 문장을 구간 반복 재생해 놓고,
동시에 따라 말하기를 자연스럽게 말할 수 있을
때까지 연습해 보세요.

STEP 5

SPEAKING AND
RECORDING

연습한 문장을 음원을 듣지 않고 지문도 보지 않고
혼자서 원어민과 가깝게 여러 번 말해 보세요.
그래도 잘 안 될 경우에는 자신의 말을 스마트폰으로
녹음해서 들어 보고 원어민과 최대한 비슷해질 때까지
여러 번 녹음해 보세요.

DAY

4

현관문
열어 주기

STEP 1

LISTENING

지문을 보지 않고 이 장의 음원 파일을 귀 기울여 들어 보세요.
보지 않고 듣기만 하면 귀가 소리에 더 집중하고,
많이 들을수록 리스닝 실력도 향상됩니다.

※ 곰오디오, 알송 등 구간 반복이 되는 오디오 재생 프로그램 추천

READING

다음 지문을 읽고 모르는 단어와 표현은
우측 페이지의 어휘 설명을 참고해서 해석해 보세요.

(Beep)

VANESSA Yes?

CHRIS Hey, it's me.

VANESSA Chris? What are you doing here?

CHRIS Do you have your phone with you? I called you
at least 10 times.

VANESSA Oh, my! It was on silent.

CHRIS I need to ask you about our project, but I
couldn't get a hold of you.

VANESSA I'm so sorry. Come on up.

STEP 3부터는 한 문장 또는 한 줄을 STEP 5까지 연습하고,
그다음 줄을 다시 STEP 3부터 STEP 5까지 연습하는 방식입니다.

What are you doing here? 네가 여기엔 웬 일이야?, 여기서 뭐 해?

My phone was on silent. 전화기가 묵음으로 되어 있었어.

get a hold of someone '누구'에게 연락하다, '누구'와 연락이 되다

➤ 해석

(인터폰 소리)

바네사 네?

크리스 야, 나야.

바네사 크리스? 네가 여기 웬 일이야?

크리스 너, 전화기 가지고 있는 거 맞아? 내가 적어도 너한테 열 번은 전화했을 거다.

바네사 어머나! 전화기가 묵음으로 돼 있었네.

크리스 프로젝트에 대해 물어볼 게 있는데, 너랑 연락이 안 되더라고.

바네사 미안, 미안. 어서 올라와.

LISTEN AND SPEAK

한 문장 또는 한 줄을 구간 반복 재생해 놓고, 한 번 듣고 일시 정지하고 따라 말하고, 다시 듣고 일시 정지하고 따라 말하기를 익숙해질 때까지 많이 반복해 보세요.

STEP 4 SHADOWING

앞에서 연습한 문장을 구간 반복 재생해 놓고,
동시에 따라 말하기를 자연스럽게 말할 수 있을
때까지 연습해 보세요.

STEP 5 SPEAKING AND RECORDING

연습한 문장을 음원을 듣지 않고 지문도 보지 않고
혼자서 원어민과 가깝게 여러 번 말해 보세요.
그래도 잘 안 될 경우에는 자신의 말을 스마트폰으로
녹음해서 들어 보고 원어민과 최대한 비슷해질 때까지
여러 번 녹음해 보세요.

DAY

5

파티에 친구 초대하기

LISTENING

지문을 보지 않고 이 장의 음원 파일을 귀 기울여 들어 보세요.
보지 않고 듣기만 하면 귀가 소리에 더 집중하고,
많이 들을수록 리스닝 실력도 향상됩니다.

※곰오디오, 알송 등 구간 반복이 되는 오디오 재생 프로그램 추천

READING

다음 지문을 읽고 모르는 단어와 표현은
우측 페이지의 어휘 설명을 참고해서 해석해 보세요.

SCULLY Hey, I'm having a party at my place next
Saturday. Can you come?

MULDER What's the occasion?

SCULLY Just friends gathering.

MULDER All right. I'll be there. What should I bring?

SCULLY Nothing. Just bring yourself.

MULDER That sounds even better.

place '장소' 외에 '집'이라는 의미로도 많이 쓰임.

What's the occasion? 무슨 모임인데?

(※모임이나 행사의 목적, 취지를 묻는 표현)

friends gathering 친구들 모임

Just bring yourself. 그냥 몸만 와., 빈손으로 와도 돼.

That sounds even better. 그건 더 좋네., 진짜 좋다.

➤ 해석

스컬리   야, 다음 주 토요일에 우리집에서 파티 할 건데, 올 수 있어?

멀더   무슨 파티인데?

스컬리   그냥 친구들 모이는 거지, 뭐.

멀더   알았어. 갈게. 뭐 가져갈까?

스컬리   필요한 거 없는데. 그냥 몸만 와.

멀더   완전 좋은데.

STEP 3 LISTEN AND SPEAK

한 문장 또는 한 줄을 구간 반복 재생해 놓고, 한 번 듣고
일시 정지하고 따라 말하고, 다시 듣고 일시 정지하고
따라 말하기를 익숙해질 때까지 많이 반복해 보세요.

STEP 4

SHADOWING

앞에서 연습한 문장을 구간 반복 재생해 놓고,
동시에 따라 말하기를 자연스럽게 말할 수 있을
때까지 연습해 보세요.

STEP 5

SPEAKING AND
RECORDING

연습한 문장을 음원을 듣지 않고 지문도 보지 않고
혼자서 원어민과 가깝게 여러 번 말해 보세요.
그래도 잘 안 될 경우에는 자신의 말을 스마트폰으로
녹음해서 들어 보고 원어민과 최대한 비슷해질 때까지
여러 번 녹음해 보세요.

DAY

6

차 태워 달라고
부탁하기

LISTENING

지문을 보지 않고 이 장의 음원 파일을 귀 기울여 들어 보세요.
보지 않고 듣기만 하면 귀가 소리에 더 집중하고,
많이 들을수록 리스닝 실력도 향상됩니다.

※곰오디오, 알송 등 구간 반복이 되는 오디오 재생 프로그램 추천

READING

다음 지문을 읽고 모르는 단어와 표현은
우측 페이지의 어휘 설명을 참고해서 해석해 보세요.

CARL   Bye, everyone. See you tomorrow.

PATTY   Wait. Are you going straight home?

CARL   Of course. It's too late to stop anywhere.

PATTY   Can you give me a ride home? It's on your way.

CARL   Sure. Public transportation stops running at this
time, anyway.

PATTY   Thank you so much.

CARL   No problem. Hop in.

STEP 3 부터는 한 문장 또는 한 줄을 STEP 5 까지 연습하고,
그다음 줄을 다시 STEP 3 부터 STEP 5 까지 연습하는 방식입니다.

go straight home 집으로 곧장 가다

give a ride 태워 주다

It's on your way. 너랑 같은 방향이야.

public transportation 대중교통

stop running 운행이 끊기다

Hop in. (차에) 타.

➤ 해석

칼   다들 잘 가. 내일 보자고.

패티   잠깐만. 너 곧바로 집에 가는 거야?

칼   당연하지. 다른 데 가기엔 시간이 너무 늦었잖아.

패티   나 좀 집까지 태워다 줄래? 너희 집 가는 방향인데.

칼   그러자. 어차피 이 시간이면 대중교통도 다 끊겼을 텐데.

패티   정말 고마워.

칼   어려운 일도 아닌데 뭐. 타.

STEP 3 LISTEN AND SPEAK

한 문장 또는 한 줄을 구간 반복 재생해 놓고, 한 번 듣고
일시 정지하고 따라 말하고, 다시 듣고 일시 정지하고
따라 말하기를 익숙해질 때까지 많이 반복해 보세요.

SHADOWING

앞에서 연습한 문장을 구간 반복 재생해 놓고,
동시에 따라 말하기를 자연스럽게 말할 수 있을
때까지 연습해 보세요.

STEP 5

SPEAKING AND
RECORDING

연습한 문장을 음원을 듣지 않고 지문도 보지 않고
혼자서 원어민과 가깝게 여러 번 말해 보세요.
그래도 잘 안 될 경우에는 자신의 말을 스마트폰으로
녹음해서 들어 보고 원어민과 최대한 비슷해질 때까지
여러 번 녹음해 보세요.

우연히 지인을
만났을 때

STEP 1

LISTENING

지문을 보지 않고 이 장의 음원 파일을 귀 기울여 들어 보세요.
보지 않고 듣기만 하면 귀가 소리에 더 집중하고,
많이 들을수록 리스닝 실력도 향상됩니다.

※곰오디오, 알송 등 구간 반복이 되는 오디오 재생 프로그램 추천

READING

다음 지문을 읽고 모르는 단어와 표현은
우측 페이지의 어휘 설명을 참고해서 해석해 보세요.

JASON Sara?

SARA Oh, my! Jason!

JASON I can't believe it. What are you doing here?

SARA I'm on a business trip. How about you?

JASON We're on a family vacation. What a coincidence!

SARA I know. Isn't it crazy?

JASON It is. What a small world!

STEP 2 부터는 한 문장 또는 한 줄을 STEP 5 까지 연습하고,
그다음 줄을 다시 STEP 2 부터 STEP 5 까지 연습하는 방식입니다.

on a business trip 출장 중인

on a family vacation 가족 여행 중인

What a coincidence! 우연도 이런 우연이 없네!

Isn't it crazy? 기막히지 않니?, 너무 웃기지 않니?

What a small world! 세상 참 좁다!

➤ 해석

제이슨   세라?

세라   세상에! 제이슨!

제이슨   어쩜 이런 일이. 여긴 어쩐 일이야?

세라   난 출장 왔지. 너는?

제이슨   우린 가족 여행 왔어. 이런 우연도 다 있구나!

세라   그러니까. 진짜 웃기지 않니?

제이슨   그러게 말이다. 세상 참 좁아!

STEP 3

LISTEN AND SPEAK

한 문장 또는 한 줄을 구간 반복 재생해 놓고, 한 번 듣고
일시 정지하고 따라 말하고, 다시 듣고 일시 정지하고
따라 말하기를 익숙해질 때까지 많이 반복해 보세요.

STEP 4 SHADOWING

앞에서 연습한 문장을 구간 반복 재생해 놓고,
동시에 따라 말하기를 자연스럽게 말할 수 있을
때까지 연습해 보세요.

STEP 5 SPEAKING AND RECORDING

연습한 문장을 음원을 듣지 않고 지문도 보지 않고
혼자서 원어민과 가깝게 여러 번 말해 보세요.
그래도 잘 안 될 경우에는 자신의 말을 스마트폰으로
녹음해서 들어 보고 원어민과 최대한 비슷해질 때까지
여러 번 녹음해 보세요.

DAY

8

오랜만에 친구를 만났을 때

LISTENING

지문을 보지 않고 이 장의 음원 파일을 귀 기울여 들어 보세요.
보지 않고 듣기만 하면 귀가 소리에 더 집중하고,
많이 들을수록 리스닝 실력도 향상됩니다.

※곰오디오, 알송 등 구간 반복이 되는 오디오 재생 프로그램 추천

READING

다음 지문을 읽고 모르는 단어와 표현은
우측 페이지의 어휘 설명을 참고해서 해석해 보세요.

JACK Hey, you!

BOB Hey! Long time no see.

JACK Tell me about it. It's been decades since I saw you last.

BOB It's been 10 years.

JACK Has it been that long?

BOB We should get together more often from now on.

JACK We really should. It's so good to see you.

BOB You, too.

➤ 어휘

Tell me about it. 그러게 말이야., 내 말이.

decade 10년

It's been decades. 몇 십년 됐네., 오래됐어.

since I saw you last 널 마지막으로 본 후로

get together 만나다

➤ 해석

잭   야, 이 녀석!

밥   야! 정말 오랜만이다.

잭   그러게 말이야. 몇십 년 만에 보는 것 같다.

밥   10년 만이지.

잭   그렇게나 오래됐나?

밥   이제는 좀 더 자주 보자.

잭   그래, 그러자. 얼굴 보니까 진짜 좋다.

밥   나도.

STEP 3

LISTEN AND SPEAK

한 문장 또는 한 줄을 구간 반복 재생해 놓고, 한 번 듣고
일시 정지하고 따라 말하고, 다시 듣고 일시 정지하고
따라 말하기를 익숙해질 때까지 많이 반복해 보세요.

SHADOWING

앞에서 연습한 문장을 구간 반복 재생해 놓고,
동시에 따라 말하기를 자연스럽게 말할 수 있을
때까지 연습해 보세요.

SPEAKING AND
RECORDING

연습한 문장을 음원을 듣지 않고 지문도 보지 않고
혼자서 원어민과 가깝게 여러 번 말해 보세요.
그래도 잘 안 될 경우에는 자신의 말을 스마트폰으로
녹음해서 들어 보고 원어민과 최대한 비슷해질 때까지
여러 번 녹음해 보세요.

DAY

9

외국인이 길을
물어볼 때

LISTENING

지문을 보지 않고 이 장의 음원 파일을 귀 기울여 들어 보세요.
보지 않고 듣기만 하면 귀가 소리에 더 집중하고,
많이 들을수록 리스닝 실력도 향상됩니다.

※ 곰오디오, 알송 등 구간 반복이 되는 오디오 재생 프로그램 추천

STEP 2

READING

다음 지문을 읽고 모르는 단어와 표현은
우측 페이지의 어휘 설명을 참고해서 해석해 보세요.

FOREIGNER	Excuse me. Do you know where Hoban Restaurant is?
KOREAN	Oh, Hoban. You're almost there.
FOREIGNER	Am I?
KOREAN	Yeah. Keep going this way and turn left at the stop sign.
FOREIGNER	Left at the stop sign.
KOREAN	Yeah. Then, you'll see a crosswalk. It's on the other side of the crosswalk.
FOREIGNER	Oh, I see. Thank you so much.
KOREA	Sure. You'll love their food.

STEP 3부터는 한 문장 또는 한 줄을 STEP 5까지 연습하고,
그다음 줄을 다시 STEP 3부터 STEP 5까지 연습하는 방식입니다.

be almost there 거의 다 도착하다

Keep going this way. 이쪽으로 쭉 가세요.

Turn left at A. A에서 왼쪽으로 도세요.

crosswalk 횡단보도

on the other side of ~의 건너편에

➤ 해석

외국인	실례합니다. '호반' 식당이 어디에 있는지 아세요?
한국인	아, 호반 식당이요. 거의 다 오셨어요.
외국인	그래요?
한국인	네. 이 길로 쭉 가시다가 정지 표지판이 있는 곳에서 왼쪽으로 도세요.
외국인	정지 표지판에서 왼쪽으로요.
한국인	네. 그럼 횡단보도가 나올 거예요. 그 횡단보도 건너편에 있어요.
외국인	아, 알겠습니다. 정말 감사합니다.
한국인	네. 거기 음식 맛있을 거예요.

STEP 3

LISTEN AND SPEAK

한 문장 또는 한 줄을 구간 반복 재생해 놓고, 한 번 듣고
일시 정지하고 따라 말하고, 다시 듣고 일시 정지하고
따라 말하기를 익숙해질 때까지 많이 반복해 보세요.

STEP 4

SHADOWING

앞에서 연습한 문장을 구간 반복 재생해 놓고,
동시에 따라 말하기를 자연스럽게 말할 수 있을
때까지 연습해 보세요.

STEP 5

SPEAKING AND
RECORDING

연습한 문장을 음원을 듣지 않고 지문도 보지 않고
혼자서 원어민과 가깝게 여러 번 말해 보세요.
그래도 잘 안 될 경우에는 자신의 말을 스마트폰으로
녹음해서 들어 보고 원어민과 최대한 비슷해질 때까지
여러 번 녹음해 보세요.

다른 여행객과 인사하기

STEP 1

LISTENING

지문을 보지 않고 이 장의 음원 파일을 귀 기울여 들어 보세요.
보지 않고 듣기만 하면 귀가 소리에 더 집중하고,
많이 들을수록 리스닝 실력도 향상됩니다.

※ 곰오디오, 알송 등 구간 반복이 되는 오디오 재생 프로그램 추천

READING

다음 지문을 읽고 모르는 단어와 표현은
우측 페이지의 어휘 설명을 참고해서 해석해 보세요.

KOREAN   Hi, my name is Jin and I'm from Korea.

AMERICAN   Hi, I'm Julie from the States.

KOREAN   Is this your first time in Peru?

AMERICAN   Yes, it is. How about you?

KOREAN   It's my second time.

AMERICAN   Lucky you! You should be my guide.

KOREAN   I don't know this place any better than you.
          I was only 7 my first time here.

STEP 부터는 한 문장 또는 한 줄을 STEP 까지 연습하고,
그다음 줄을 다시 STEP 부터 STEP 까지 연습하는 방식입니다.

the States 미국 (※America보다 the States가 더 많이 쓰임.)

Lucky you! 넌 복도 많다!, 넌 운도 참 좋다!

I don't know any better than you. 저 역시 잘 몰라요., 저도 아는 게 없어요.

➤ 해석

한국인　안녕하세요. 저는 한국에서 온 진이라고 해요.

미국인　안녕하세요. 저는 미국에서 온 줄리예요.

한국인　페루는 처음이세요?

미국인　네. 그쪽은요?

한국인　저는 두번째예요.

미국인　복도 많으셔라! 제 가이드 좀 해 주세요.

한국인　저도 이곳에 대해 아는 게 별로 없어요. 처음 여기 왔을 때 겨우

　　　　일곱 살이었거든요.

STEP 3

LISTEN AND SPEAK

한 문장 또는 한 줄을 구간 반복 재생해 놓고, 한 번 듣고
일시 정지하고 따라 말하고, 다시 듣고 일시 정지하고
따라 말하기를 익숙해질 때까지 많이 반복해 보세요.

SHADOWING

앞에서 연습한 문장을 구간 반복 재생해 놓고,
동시에 따라 말하기를 자연스럽게 말할 수 있을
때까지 연습해 보세요.

SPEAKING AND
RECORDING

연습한 문장을 음원을 듣지 않고 지문도 보지 않고
혼자서 원어민과 가깝게 여러 번 말해 보세요.
그래도 잘 안 될 경우에는 자신의 말을 스마트폰으로
녹음해서 들어 보고 원어민과 최대한 비슷해질 때까지
여러 번 녹음해 보세요.

- PART -

2

분장한 사람에게
사진 찍자고
부탁하기

STEP 1

LISTENING

지문을 보지 않고 이 장의 음원 파일을 귀 기울여 들어 보세요.
보지 않고 듣기만 하면 귀가 소리에 더 집중하고,
많이 들을수록 리스닝 실력도 향상됩니다.

※ 곰오디오, 알송 등 구간 반복이 되는 오디오 재생 프로그램 추천

READING

다음 지문을 읽고 모르는 단어와 표현은
우측 페이지의 어휘 설명을 참고해서 해석해 보세요.

WOMAN   Excuse me. Are you supposed to be Super Mario?

MARIO   Yes, I am.

WOMAN   If you don't mind, would you take a picture with me, please?

MARIO   Sure. No problem.

WOMAN   Oh, thank you. My son loves Super Mario.

MARIO   Oh, I see.

WOMAN   All right. One, two, three.

MARIO   Did it come out OK?

WOMAN   Yes, it came out great. I really appreciate it.

부터는 한 문장 또는 한 줄을   까지 연습하고,
그다음 줄을 다시   부터   까지 연습하는 방식입니다.

➤ 어휘

Are you supposed to be A? A로 분장하신 건가요?

if you don't mind 괜찮으시다면, 실례가 되지 않는다면

take a picture with someone '누구'와 같이 사진을 찍다

Did it come out OK? (사진, 복사물 등이) 잘 나왔나요?

The picture came out great. 사진 참 잘 나왔네요.

➤ 해석

여자	실례합니다. 혹시 '슈퍼 마리오' 분장하신 건가요?
마리오	네, 맞아요.
여자	괜찮으시면, 사진 한 장 같이 찍어도 될까요?
마리오	그럼요. 물론이죠.
여자	아, 감사합니다. 아들이 '슈퍼 마리오'를 엄청 좋아하거든요.
마리오	아, 그렇군요.
여자	자 그럼. 하나, 둘, 셋.
마리오	잘 나왔나요?
여자	네, 아주 잘 나왔어요. 정말 감사드립니다.

STEP 3 LISTEN AND SPEAK

한 문장 또는 한 줄을 구간 반복 재생해 놓고, 한 번 듣고
일시 정지하고 따라 말하고, 다시 듣고 일시 정지하고
따라 말하기를 익숙해질 때까지 많이 반복해 보세요.

STEP 4 SHADOWING

앞에서 연습한 문장을 구간 반복 재생해 놓고,
동시에 따라 말하기를 자연스럽게 말할 수 있을
때까지 연습해 보세요.

STEP 5 SPEAKING AND RECORDING

연습한 문장을 음원을 듣지 않고 지문도 보지 않고
혼자서 원어민과 가깝게 여러 번 말해 보세요.
그래도 잘 안 될 경우에는 자신의 말을 스마트폰으로
녹음해서 들어 보고 원어민과 최대한 비슷해질 때까지
여러 번 녹음해 보세요.

DAY

12

예쁜 신발을
신은 사람에게
구입처 묻기

STEP 1

LISTENING

지문을 보지 않고 이 장의 음원 파일을 귀 기울여 들어 보세요.
보지 않고 듣기만 하면 귀가 소리에 더 집중하고,
많이 들을수록 리스닝 실력도 향상됩니다.

※ 곰오디오, 알송 등 구간 반복이 되는 오디오 재생 프로그램 추천

STEP 2

READING

다음 지문을 읽고 모르는 단어와 표현은
우측 페이지의 어휘 설명을 참고해서 해석해 보세요.

WOMAN   I love your shoes. Do you mind if I ask where
         you bought them?

MAN   No, not at all. Do you live in this area?

WOMAN   Yes, I do.

MAN   Then you must know there's a new shopping
         mall in town. I bought these there.

WOMAN   Oh, the one by the theater?

MAN   Yes, that's it. They have cute stuff.

WOMAN   What's the brand?

MAN   VEJA. It's not a famous brand.

WOMAN   They're still cute.

STEP 3부터는 한 문장 또는 한 줄을 STEP 5까지 연습하고,
그다음 줄을 다시 STEP 3부터 STEP 5까지 연습하는 방식입니다.

Do you mind if I ~? 제가 ~ 좀 해도 괜찮을까요?

live in this area 이 지역[동네]에 살다

You must know ~. 당신은 ~를 잘 알겠네요.

cute stuff 예쁜 물건들

➤ 해석

여자 신발이 정말 예쁘네요. 어디서 샀는지 물어봐도 될까요?

남자 그럼요. 이 근처에 사세요?

여자 네.

남자 그럼 이 동네에 새로 생긴 쇼핑몰을 아시겠네요. 거기서 샀어요.

여자 아, 극장 옆에 있는 거요?

남자 네, 거기요. 예쁜 게 많더라고요.

여자 어느 브랜드예요?

남자 베자예요. 유명한 브랜드는 아니에요.

여자 그래도 예쁘기만 한데요, 뭐.

STEP 3

LISTEN AND SPEAK

한 문장 또는 한 줄을 구간 반복 재생해 놓고, 한 번 듣고
일시 정지하고 따라 말하고, 다시 듣고 일시 정지하고
따라 말하기를 익숙해질 때까지 많이 반복해 보세요.

STEP 4 SHADOWING

앞에서 연습한 문장을 구간 반복 재생해 놓고,
동시에 따라 말하기를 자연스럽게 말할 수 있을
때까지 연습해 보세요.

STEP 5 SPEAKING AND RECORDING

연습한 문장을 음원을 듣지 않고 지문도 보지 않고
혼자서 원어민과 가깝게 여러 번 말해 보세요.
그래도 잘 안 될 경우에는 자신의 말을 스마트폰으로
녹음해서 들어 보고 원어민과 최대한 비슷해질 때까지
여러 번 녹음해 보세요.

DAY

13

여자에게 함께
식사하자고 하기

STEP 1

LISTENING

지문을 보지 않고 이 장의 음원 파일을 귀 기울여 들어 보세요.
보지 않고 듣기만 하면 귀가 소리에 더 집중하고,
많이 들을수록 리스닝 실력도 향상됩니다.

※곰오디오, 알송 등 구간 반복이 되는 오디오 재생 프로그램 추천

READING

다음 지문을 읽고 모르는 단어와 표현은
우측 페이지의 어휘 설명을 참고해서 해석해 보세요.

MATT　　Valeria, do you have anything going on this
　　　　Saturday?

VALERIA　No, I have nothing going on this Saturday.
　　　　Why?

MATT　　A new Italian restaurant just opened. You love
　　　　Italian food, don't you?

VALERIA　Well, yeah. I'm Italian.

MATT　　If you want to try the new restaurant, I can take
　　　　you there for dinner.

VALERIA　Sounds good. Thanks.

MATT　　No problem.

➤ 어휘

Do you have anything going on? 너 무슨 계획 있어?, 특별히 할 일 있어?

I have nothing going on. 아무 일도 없어., 아무 계획 없어.

A just opened. A가 막 문을 열었어., A가 새로 생겼어.

try (음식, 차, 장소 등 새로운 것을) 시도해 보다

➤ 해석

매트	발레리아, 이번 주 토요일에 무슨 계획 있어?
발레리아	아니, 이번 주 토요일엔 아무것도 없는데. 왜?
매트	새로 생긴 이탈리아 레스토랑이 있는데 말이야. 너 이탈리아 음식 좋아하잖아, 그치?
발레리아	뭐, 좋아하지. 내가 이탈리아 사람이니까.
매트	새로 생긴 레스토랑에 한번 가 보고 싶다면, 내가 저녁을 살까 해서.
발레리아	좋아. 고마워.
매트	고맙긴.

STEP 3

LISTEN AND SPEAK

한 문장 또는 한 줄을 구간 반복 재생해 놓고, 한 번 듣고
일시 정지하고 따라 말하고, 다시 듣고 일시 정지하고
따라 말하기를 익숙해질 때까지 많이 반복해 보세요.

STEP 4 SHADOWING

앞에서 연습한 문장을 구간 반복 재생해 놓고,
동시에 따라 말하기를 자연스럽게 말할 수 있을
때까지 연습해 보세요.

STEP 5 SPEAKING AND RECORDING

연습한 문장을 음원을 듣지 않고 지문도 보지 않고
혼자서 원어민과 가깝게 여러 번 말해 보세요.
그래도 잘 안 될 경우에는 자신의 말을 스마트폰으로
녹음해서 들어 보고 원어민과 최대한 비슷해질 때까지
여러 번 녹음해 보세요.

DAY

14

남자에게 함께
영화 보자고 하기

STEP 1

LISTENING

지문을 보지 않고 이 장의 음원 파일을 귀 기울여 들어 보세요.
보지 않고 듣기만 하면 귀가 소리에 더 집중하고,
많이 들을수록 리스닝 실력도 향상됩니다.

※ 곰오디오, 알송 등 구간 반복이 되는 오디오 재생 프로그램 추천

READING

다음 지문을 읽고 모르는 단어와 표현은
우측 페이지의 어휘 설명을 참고해서 해석해 보세요.

BONNIE   Greg, did you watch "Extreme Job"?

GREG   Not yet.

BONNIE   My friends loved that movie. Do you want to watch it?

GREG   I've been thinking about it.

BONNIE   Actually, I have two free tickets. Should we go together?

GREG   Where did you get the free tickets?

BONNIE   Through my dad's work.

GREG   Awesome. I'm in.

BONNIE   Thank you, Dad!

STEP 3부터는 한 문장 또는 한 줄을 STEP 5까지 연습하고,
그다음 줄을 다시 STEP 3부터 STEP 5까지 연습하는 방식입니다.

> **어휘**

I've been thinking about ~. ~를 계속 생각 중이었어., ~할까 생각 중이었어.

free ticket 공짜 표

I'm in ~. (계획, 게임, 내기 등에) 나도 낄래[할래].

> **해석**

보니   그렉, 너 〈극한 직업〉 봤어?

그렉   아니, 아직.

보니   내 친구들이 그 영화 다 재밌다고 하더라고. 볼래?

그렉   그럴까 생각 중이긴 한데.

보니   실은 나한테 공짜 표가 두 장 있거든. 같이 갈까?

그렉   공짜 표가 어디서 났어?

보니   우리 아빠 회사에서 줬대.

그렉   잘됐네. 같이 가자.

보니   아버지, 감사합니다!

STEP 3   # LISTEN AND SPEAK

한 문장 또는 한 줄을 구간 반복 재생해 놓고, 한 번 듣고
일시 정지하고 따라 말하고, 다시 듣고 일시 정지하고
따라 말하기를 익숙해질 때까지 많이 반복해 보세요.

STEP 4

SHADOWING

앞에서 연습한 문장을 구간 반복 재생해 놓고,
동시에 따라 말하기를 자연스럽게 말할 수 있을
때까지 연습해 보세요.

STEP 5

SPEAKING AND
RECORDING

연습한 문장을 음원을 듣지 않고 지문도 보지 않고
혼자서 원어민과 가깝게 여러 번 말해 보세요.
그래도 잘 안 될 경우에는 자신의 말을 스마트폰으로
녹음해서 들어 보고 원어민과 최대한 비슷해질 때까지
여러 번 녹음해 보세요.

DAY

15

썸녀에게
여행 가자고 하기

STEP 1

LISTENING

지문을 보지 않고 이 장의 음원 파일을 귀 기울여 들어 보세요.
보지 않고 듣기만 하면 귀가 소리에 더 집중하고,
많이 들을수록 리스닝 실력도 향상됩니다.

※ 곰오디오, 알송 등 구간 반복이 되는 오디오 재생 프로그램 추천

READING

다음 지문을 읽고 모르는 단어와 표현은
우측 페이지의 어휘 설명을 참고해서 해석해 보세요.

SCOTT   There's going to be a cherry blossom festival in
         Jinhae next week.

AMY   I heard about it. It should be beautiful.

SCOTT   We should go. I'll drive.

AMY   Really? I would love to go.

SCOTT   That's great! I'll reserve a room.

AMY   Are we going to stay the night there?

SCOTT   Yes, it's a long drive there.

AMY   I think I know what you have in mind.

SCOTT   No, you don't. I'm a good guy.

AMY   Are you?

STEP 부터는 한 문장 또는 한 줄을 STEP 까지 연습하고,
그다음 줄을 다시 STEP 부터 STEP 까지 연습하는 방식입니다.

➤ 어휘

cherry blossom 벚꽃

reserve a room 방을 예약하다

stay the night 하루 묵고 오다, 자고 오다

It's a long drive. 운전해서 한참 가야 해., 멀어.

what you have in mind 무슨 꿍꿍이속인지, 뭔 생각을 하는지

➤ 해석

스콧	다음 주에 진해에서 벚꽃 축제가 열린대.
에이미	나도 들었어. 엄청 예쁘겠다.
스콧	우리도 가자. 내가 운전할게.
에이미	정말? 진짜 가 보고 싶어.
스콧	잘됐네! 내가 방 잡아 놓을게.
에이미	거기서 자고 오게?
스콧	응, 운전해서 한참 가야 하니까.
에이미	네가 무슨 생각 하는지 알 것 같아.
스콧	아니, 넌 몰라. 난 좋은 남자란다.
에이미	그러셔?

STEP 3

LISTEN AND SPEAK

한 문장 또는 한 줄을 구간 반복 재생해 놓고, 한 번 듣고
일시 정지하고 따라 말하고, 다시 듣고 일시 정지하고
따라 말하기를 익숙해질 때까지 많이 반복해 보세요.

STEP 4 SHADOWING

앞에서 연습한 문장을 구간 반복 재생해 놓고,
동시에 따라 말하기를 자연스럽게 말할 수 있을
때까지 연습해 보세요.

STEP 5 SPEAKING AND RECORDING

연습한 문장을 음원을 듣지 않고 지문도 보지 않고
혼자서 원어민과 가깝게 여러 번 말해 보세요.
그래도 잘 안 될 경우에는 자신의 말을 스마트폰으로
녹음해서 들어 보고 원어민과 최대한 비슷해질 때까지
여러 번 녹음해 보세요.

DAY

16

데이트 약속 잡기

LISTENING

지문을 보지 않고 이 장의 음원 파일을 귀 기울여 들어 보세요.
보지 않고 듣기만 하면 귀가 소리에 더 집중하고,
많이 들을수록 리스닝 실력도 향상됩니다.

※ 곰오디오, 알송 등 구간 반복이 되는 오디오 재생 프로그램 추천

READING

다음 지문을 읽고 모르는 단어와 표현은
우측 페이지의 어휘 설명을 참고해서 해석해 보세요.

BOYFRIEND	What are we doing this weekend?
GIRLFRIEND	I don't know. What should we do?
BOYFRIEND	Do you want to go to a movie?
GIRLFRIEND	Nothing's good these days.
BOYFRIEND	Oh, I heard there's going to be an old-school R&B concert this Saturday.
GIRLFRIEND	I love old-school R&B! I want to go.
BOYFRIEND	Sometimes I think you're a young body with an old soul.
GIRLFRIEND	I am.
BOYFRIEND	Ok, then. The concert starts at 6, so I'll pick you up at 5.
GIRLFRIEND	Sounds like a plan.

STEP 2 부터는 한 문장 또는 한 줄을 STEP 5까지 연습하고,
그다음 줄을 다시 STEP 2부터 STEP 5까지 연습하는 방식입니다.

➤ 어휘

Nothing's good these days. (영화, 노래, 물건 등이) 요새는 영 별로다.

old-school 흘러간, 옛날의

a young body with an old soul 몸만 젊었지 마음은 노친네

Sounds like a plan. 그럴듯한 계획이네., 좋은 생각이야.

➤ 해석

남자 친구	우리 이번 주말에 뭐 할 거야?
여자 친구	모르겠네. 뭐 할까?
남자 친구	영화 보러 갈까?
여자 친구	요새 재미있는 거 안 하던데.
남자 친구	아, 이번 주 토요일에 흘러간 R&B 콘서트 한다고 하던데.
여자 친구	나 옛날 R&B 노래 진짜 좋아해! 가고 싶다.
남자 친구	가끔 드는 생각인데, 넌 몸만 젊었지 마음은 노인네 같아.
여자 친구	내가 좀 그래.
남자 친구	좋아, 그럼. 콘서트가 6시에 시작하니까, 내가 5시에 데리러 갈게.
여자 친구	좋아.

STEP 3 LISTEN AND SPEAK

한 문장 또는 한 줄을 구간 반복 재생해 놓고, 한 번 듣고
일시 정지하고 따라 말하고, 다시 듣고 일시 정지하고
따라 말하기를 익숙해질 때까지 많이 반복해 보세요.

STEP 4

SHADOWING

앞에서 연습한 문장을 구간 반복 재생해 놓고,
동시에 따라 말하기를 자연스럽게 말할 수 있을
때까지 연습해 보세요.

STEP 5

SPEAKING AND
RECORDING

연습한 문장을 음원을 듣지 않고 지문도 보지 않고
혼자서 원어민과 가깝게 여러 번 말해 보세요.
그래도 잘 안 될 경우에는 자신의 말을 스마트폰으로
녹음해서 들어 보고 원어민과 최대한 비슷해질 때까지
여러 번 녹음해 보세요.

DAY

17

공항에
마중 가기

STEP 1

LISTENING

지문을 보지 않고 이 장의 음원 파일을 귀 기울여 들어 보세요.
보지 않고 듣기만 하면 귀가 소리에 더 집중하고,
많이 들을수록 리스닝 실력도 향상됩니다.

※곰오디오, 알송 등 구간 반복이 되는 오디오 재생 프로그램 추천

READING

다음 지문을 읽고 모르는 단어와 표현은
우측 페이지의 어휘 설명을 참고해서 해석해 보세요.

KENNA   Eugene, guess what? I'm coming to Korea to see you.

EUGENE   You've got to be kidding me. When?

KENNA   I'll be there in two weeks.

EUGENE   That's awesome, man. What airline are you flying with?

KENNA   United Airlines.

EUGENE   What's your flight number and arrival time?

KENNA   I don't have the ticket with me now. I'll text you the info after this call.

EUGENE   I'm so excited! I'll pick you up at the airport.

KENNA   That'll be great!

부터는 한 문장 또는 한 줄을 까지 연습하고,
그다음 줄을 다시 부터 까지 연습하는 방식입니다.

You've got to be kidding me. 농담이겠지., 말도 안 돼.

What airline are you flying with? 어느 항공사 비행기를 타고 오니?

flight number 항공편 번호

arrival time 도착 시간

I don't have A with me now. 지금 나한테 A가 없어., 지금 A를 가지고 있지 않아.

I'll text you. 문자 보낼게.

➤ 해석

캐나	유진, 그거 알아? 나 너 보러 한국 간다.
유진	말도 안 돼. 언제?
케나	2주 후에 도착할 거야.
유진	정말 잘됐다, 야. 어느 항공사 타고 오는데?
케나	유나이티드 항공사.
유진	항공편 번호랑 도착 시간은 어떻게 돼?
케나	지금 나한테 티켓이 없거든. 통화 끝나고 문자로 알려줄게.
유진	되게 기다려지네! 내가 공항으로 데리러 갈게.
케나	그럼 좋지!

STEP 3 LISTEN AND SPEAK

한 문장 또는 한 줄을 구간 반복 재생해 놓고, 한 번 듣고
일시 정지하고 따라 말하고, 다시 듣고 일시 정지하고
따라 말하기를 익숙해질 때까지 많이 반복해 보세요.

STEP 4 SHADOWING

앞에서 연습한 문장을 구간 반복 재생해 놓고,
동시에 따라 말하기를 자연스럽게 말할 수 있을
때까지 연습해 보세요.

STEP 5 SPEAKING AND RECORDING

연습한 문장을 음원을 듣지 않고 지문도 보지 않고
혼자서 원어민과 가깝게 여러 번 말해 보세요.
그래도 잘 안 될 경우에는 자신의 말을 스마트폰으로
녹음해서 들어 보고 원어민과 최대한 비슷해질 때까지
여러 번 녹음해 보세요.

DAY
18

이상형에 대해 묻기

LISTENING

지문을 보지 않고 이 장의 음원 파일을 귀 기울여 들어 보세요.
보지 않고 듣기만 하면 귀가 소리에 더 집중하고,
많이 들을수록 리스닝 실력도 향상됩니다.
※곰오디오, 알송 등 구간 반복이 되는 오디오 재생 프로그램 추천

READING

다음 지문을 읽고 모르는 단어와 표현은
우측 페이지의 어휘 설명을 참고해서 해석해 보세요.

BONNY	If you could have a girlfriend tomorrow, what type of woman would she be?
PATRICK	You know I'm not that picky. Just a cute, sweet one with long blonde hair.
BONNY	Didn't you just say you're not that picky?
PATRICK	I'm not. I'll be happy with anyone who's a little over 5'7''.
BONNY	And you're not picky, huh?
PATRICK	What kind of boyfriend would you like, then?
BONNY	I just want someone considerate.
PATRICK	Is that it?
BONNY	My ex-boyfriend was way too selfish, so that's it.

STEP 3 부터는 한 문장 또는 한 줄을 STEP 5 까지 연습하고,
그다음 줄을 다시 STEP 3 부터 STEP 5 까지 연습하는 방식입니다.

➤ **어휘**

picky 까다로운

cute '귀여운' 외에 '예쁜'의 뜻으로도 많이 쓰임.

5'7" 5피트 7인치 (※170cm 정도)

considerate 배려심 있는, 마음씨 고운

selfish 이기적인

➤ **해석**

보니   내일 너한테 여자 친구가 생긴다면, 어떤 사람이었으면 좋겠냐?

패트릭   너도 알다시피 내가 까다롭진 않잖아. 그냥 긴 금발 머리에 예쁘고 착하면 돼.

보니   방금 네가 안 까다롭다고 말하지 않았냐?

패트릭   나야 안 까다롭지. 그냥 키 170만 좀 넘으면 난 만족해.

보니   참도 안 까다롭다, 응?

패트릭   그럼 넌 어떤 남자 친구를 원하는데?

보니   난 그냥 배려심 많은 사람이면 돼.

패트릭   그게 다야?

보니   내 전 남자 친구가 워낙 이기적이었기 때문에, 난 그거 하나면 돼.

LISTEN AND SPEAK

한 문장 또는 한 줄을 구간 반복 재생해 놓고, 한 번 듣고
일시 정지하고 따라 말하고, 다시 듣고 일시 정지하고
따라 말하기를 익숙해질 때까지 많이 반복해 보세요.

STEP 4 SHADOWING

앞에서 연습한 문장을 구간 반복 재생해 놓고,
동시에 따라 말하기를 자연스럽게 말할 수 있을
때까지 연습해 보세요.

STEP 5 SPEAKING AND RECORDING

연습한 문장을 음원을 듣지 않고 지문도 보지 않고
혼자서 원어민과 가깝게 여러 번 말해 보세요.
그래도 잘 안 될 경우에는 자신의 말을 스마트폰으로
녹음해서 들어 보고 원어민과 최대한 비슷해질 때까지
여러 번 녹음해 보세요.

DAY

19

소개팅 결과
물어보기

LISTENING

지문을 보지 않고 이 장의 음원 파일을 귀 기울여 들어 보세요.
보지 않고 듣기만 하면 귀가 소리에 더 집중하고,
많이 들을수록 리스닝 실력도 향상됩니다.

※곰오디오, 알송 등 구간 반복이 되는 오디오 재생 프로그램 추천

READING

다음 지문을 읽고 모르는 단어와 표현은
우측 페이지의 어휘 설명을 참고해서 해석해 보세요.

KEN   Oh, you're here. I've been waiting for you.

WENDY   For what?

KEN   How did it go? Was he handsome? Was he nice?

WENDY   I don't know. He was decent, I guess.

KEN   What do you mean? Did you like him, or not?

WENDY   Well, he was all right, but he wasn't for me.

KEN   You don't know him, yet, though.

WENDY   There was no chemistry between us.

KEN   That's no fun. I was expecting you to hit it off.

부터는 한 문장 또는 한 줄을   까지 연습하고,
그다음 줄을 다시   부터   까지 연습하는 방식입니다.

How did it go? (일이) 어떻게 됐어?

decent 괜찮은, 좋은

though 하지만, 그렇지만

chemistry 화학, 공감대, (사람 사이에 통하는) 전기

hit it off 잘 어울리다, 잘 맞다

➤ 해석

켄   오, 왔네. 널 기다리고 있었지.

웬디   날 왜?

켄   어땠어? 잘생겼어? 착해?

웬디   몰라. 뭐 그냥 괜찮은 사람 같긴 한데.

켄   그게 무슨 말이야? 좋다는 거야, 싫다는 거야?

웬디   뭐, 사람은 괜찮은데, 나랑은 아닌 것 같아.

켄   아직 그 사람을 잘 모르잖아.

웬디   뭔가 찌릿한 게 없더라고.

켄   재미없군. 잘되길 기대하고 있었더니.

STEP 3 LISTEN AND SPEAK

한 문장 또는 한 줄을 구간 반복 재생해 놓고, 한 번 듣고
일시 정지하고 따라 말하고, 다시 듣고 일시 정지하고
따라 말하기를 익숙해질 때까지 많이 반복해 보세요.

STEP 4
SHADOWING

앞에서 연습한 문장을 구간 반복 재생해 놓고,
동시에 따라 말하기를 자연스럽게 말할 수 있을
때까지 연습해 보세요.

STEP 5
SPEAKING AND
RECORDING

연습한 문장을 음원을 듣지 않고 지문도 보지 않고
혼자서 원어민과 가깝게 여러 번 말해 보세요.
그래도 잘 안 될 경우에는 자신의 말을 스마트폰으로
녹음해서 들어 보고 원어민과 최대한 비슷해질 때까지
여러 번 녹음해 보세요.

DAY

20

펍에서 이성에게
말 걸기

STEP 1

LISTENING

지문을 보지 않고 이 장의 음원 파일을 귀 기울여 들어 보세요.
보지 않고 듣기만 하면 귀가 소리에 더 집중하고,
많이 들을수록 리스닝 실력도 향상됩니다.

※ 곰오디오, 알송 등 구간 반복이 되는 오디오 재생 프로그램 추천

READING

다음 지문을 읽고 모르는 단어와 표현은
우측 페이지의 어휘 설명을 참고해서 해석해 보세요.

WOMAN   That looks good.

MAN   Oh, this? It's a Moscow Mule. It's different.

WOMAN   Are you expecting someone?

MAN   No, I'm not. How about you?

WOMAN   My friend was supposed to meet me here, but she just texted me that she couldn't make it.

MAN   That's a bummer.

WOMAN   I know. So, either I go home, or find someone else to drink with.

MAN   And your choice is?

WOMAN   I guess it's up to you now.

MAN   You're funny.

STEP 부터는 한 문장 또는 한 줄을 STEP 까지 연습하고,
그다음 줄을 다시 STEP 부터 STEP 까지 연습하는 방식입니다.

88

➤ 어휘

Moscow Mule 모스크바 뮬 (※보드카에 라임 주스 등을 섞은 칵테일)

It's different. 독특하네요., 색다르네요

text ~에게 문자를 보내다

make it (모임 등에) 가다

That's a bummer. 아쉬워., 안타까워., 실망스럽네.

It's up to you. 너한테 달려 있어.

➤ 해석

여자   맛있어 보이네요.

남자   아, 이거요? 모스크바 뮬이라는 건데, 독특해요.

여자   누구 기다리는 분 있으세요?

남자   아뇨. 그쪽은요?

여자   친구랑 여기서 만나기로 했는데, 방금 못 온다고 문자가 왔네요.

남자   실망스럽겠네요.

여자   그러니까요. 그래서 그냥 집에 가거나, 아니면 같이 술 마실 사람을
       찾아보거나 둘 중 하나네요.

남자   당신의 선택은요?

여자   이젠 그쪽한테 달린 것 같은데요.

남자   재밌으시네요.

STEP 3   LISTEN AND SPEAK

한 문장 또는 한 줄을 구간 반복 재생해 놓고, 한 번 듣고
일시 정지하고 따라 말하고, 다시 듣고 일시 정지하고
따라 말하기를 익숙해질 때까지 많이 반복해 보세요.

STEP 4

SHADOWING

앞에서 연습한 문장을 구간 반복 재생해 놓고,
동시에 따라 말하기를 자연스럽게 말할 수 있을
때까지 연습해 보세요.

STEP 5

SPEAKING AND RECORDING

연습한 문장을 음원을 듣지 않고 지문도 보지 않고
혼자서 원어민과 가깝게 여러 번 말해 보세요.
그래도 잘 안 될 경우에는 자신의 말을 스마트폰으로
녹음해서 들어 보고 원어민과 최대한 비슷해질 때까지
여러 번 녹음해 보세요.

3

서로 밥값
내겠다는 친구

STEP 1

LISTENING

지문을 보지 않고 이 장의 음원 파일을 귀 기울여 들어 보세요.
보지 않고 듣기만 하면 귀가 소리에 더 집중하고,
많이 들을수록 리스닝 실력도 향상됩니다.

※곰오디오, 알송 등 구간 반복이 되는 오디오 재생 프로그램 추천

READING

다음 지문을 읽고 모르는 단어와 표현은
우측 페이지의 어휘 설명을 참고해서 해석해 보세요.

JUNE   Excuse me, can we get the check, please?

JASON   Oh, I got it.

JUNE   Don't worry. I got it.

JASON   You treated last time. It's my turn now.

JUNE   We don't have to take turns. I don't mind paying
for you.

JASON   I mind. If I don't pay this time, I won't eat out
with you again.

JUNE   Gosh, you're so stubborn. All right. Jeez.

STEP 3 부터는 한 문장 또는 한 줄을 STEP 5 까지 연습하고,
그다음 줄을 다시 STEP 3 부터 STEP 5 까지 연습하는 방식입니다.

> 어휘

the check 계산서

I got it. 내가 할게., 내가 낼게., 이해했어.

You treated last time. 지난번에는 네가 냈잖아.

take turns 순서대로 하다

eat out 외식하다

stubborn 고집이 센, 완고한

> 해석

준	저기요. 계산서 좀 주시겠어요?
제이슨	아, 내가 낼게.
준	신경 쓰지 마. 내가 낼게.
제이슨	지난번엔 네가 샀잖아. 이번엔 내 차례야.
준	우린 차례 같은 거 안 지켜도 되잖아. 너한테 밥 사는 거 난 괜찮은데.
제이슨	내가 안 괜찮아. 이번에 내가 돈 못 내게 하면, 다시는 너랑 외식 안 해.
준	세상에, 고집도 참. 아우, 알았어.

STEP 3

LISTEN AND SPEAK

한 문장 또는 한 줄을 구간 반복 재생해 놓고, 한 번 듣고
일시 정지하고 따라 말하고, 다시 듣고 일시 정지하고
따라 말하기를 익숙해질 때까지 많이 반복해 보세요.

STEP 4 SHADOWING

앞에서 연습한 문장을 구간 반복 재생해 놓고,
동시에 따라 말하기를 자연스럽게 말할 수 있을
때까지 연습해 보세요.

STEP 5 SPEAKING AND RECORDING

연습한 문장을 음원을 듣지 않고 지문도 보지 않고
혼자서 원어민과 가깝게 여러 번 말해 보세요.
그래도 잘 안 될 경우에는 자신의 말을 스마트폰으로
녹음해서 들어 보고 원어민과 최대한 비슷해질 때까지
여러 번 녹음해 보세요.

DAY

22

한 잔 더 하자

LISTENING

지문을 보지 않고 이 장의 음원 파일을 귀 기울여 들어 보세요.
보지 않고 듣기만 하면 귀가 소리에 더 집중하고,
많이 들을수록 리스닝 실력도 향상됩니다.

※곰오디오, 알송 등 구간 반복이 되는 오디오 재생 프로그램 추천

READING

다음 지문을 읽고 모르는 단어와 표현은
우측 페이지의 어휘 설명을 참고해서 해석해 보세요.

BERT   This is great. Let's get a second round
somewhere else.

JEN   I say this is enough for today.

BERT   What? No, no, no. The night is young, I feel
fantastic, so we should keep going.

JEN   I've got to work tomorrow. We should wrap it up.

BERT   I have to work tomorrow, too, but that's not
stopping me. I'm the man.

JEN   All right, you're the man. But I'm going home.

BERT   Don't do this to me. Let's have some fun.

JEN   Next time. OK?

STEP 3 부터는 한 문장 또는 한 줄을 STEP 4 까지 연습하고,
그다음 줄을 다시 STEP 3 부터 STEP 4 까지 연습하는 방식입니다.

➤ 어휘

Let's get a second round. 한 잔 더 하자.

The night is young. 아직 초저녁이야.

Wrap it up. 정리하자., 마무리 짓자.

I'm the man. 난 사나이 대장부야.

➤ 해석

버트	야, 기분 좋다. 어디 가서 한 잔 더 하자.
젠	오늘은 이만 하는 게 좋은 거 같아.
버트	뭐? 아니, 아니, 아니지. 아직 초저녁인 데다가 기분도 좋겠다, 그러니까 계속 달려야지.
젠	나 내일 일해야 하거든. 그만 접자.
버트	내일 일하는 건 나도 마찬가지지만, 여기서 멈출 생각은 없어. 난 사나이거든.
젠	그래, 너 사나이다. 그런데 나는 집에 가야겠다.
버트	그러지 말고, 같이 놀자.
젠	다음에. 알았지?

STEP 3

LISTEN AND SPEAK

한 문장 또는 한 줄을 구간 반복 재생해 놓고, 한 번 듣고
일시 정지하고 따라 말하고, 다시 듣고 일시 정지하고
따라 말하기를 익숙해질 때까지 많이 반복해 보세요.

STEP 4 SHADOWING

앞에서 연습한 문장을 구간 반복 재생해 놓고,
동시에 따라 말하기를 자연스럽게 말할 수 있을
때까지 연습해 보세요.

STEP 5 SPEAKING AND RECORDING

연습한 문장을 음원을 듣지 않고 지문도 보지 않고
혼자서 원어민과 가깝게 여러 번 말해 보세요.
그래도 잘 안 될 경우에는 자신의 말을 스마트폰으로
녹음해서 들어 보고 원어민과 최대한 비슷해질 때까지
여러 번 녹음해 보세요.

짝사랑만 하는
친구 응원하기

STEP 1

LISTENING

지문을 보지 않고 이 장의 음원 파일을 귀 기울여 들어 보세요.
보지 않고 듣기만 하면 귀가 소리에 더 집중하고,
많이 들을수록 리스닝 실력도 향상됩니다.

※곰오디오, 알송 등 구간 반복이 되는 오디오 재생 프로그램 추천

STEP 2

READING

다음 지문을 읽고 모르는 단어와 표현은
우측 페이지의 어휘 설명을 참고해서 해석해 보세요.

SHARON You're thinking about Laura, aren't you?

JIM Are you psychic?

SHARON It's written all over your face. Why don't you
just tell her?

JIM Tell her what?

SHARON Tell her that you love her to death.

JIM Nah. It's not a good time.

SHARON Then, when is a good time? When she gets
married to some other guy?

JIM Don't say that. It would kill me.

SHARON Then just go ahead and tell her. I think it would
make her happy.

JIM Maybe I should.

STEP 2부터는 한 문장 또는 한 줄을 STEP 5까지 연습하고,
그다음 줄을 다시 STEP 2부터 STEP 5까지 연습하는 방식입니다.

psychic 점쟁이, 초능력자

It's written all over your face. 네 얼굴에 다 쓰여 있어.

love someone to death '누구'를 죽도록 사랑하다[좋아 죽는다]

It's not a good time. 지금은 때가 아니야.

It would kill me. 그럼 난 죽어., 나더러 죽으란 소리지.

> 해석

샤론   너 로라 생각하고 있구나, 그치?

짐   너 점쟁이냐?

샤론   얼굴에 다 쓰여 있어. 그냥 가서 개한테 말하지 그래?

짐   말하긴 뭘 말해?

샤론   죽을 만큼 사랑한다고 말해.

짐   아니. 지금은 때가 아니야.

샤론   그럼 그놈의 때는 언제 오는데? 개가 딴 남자랑 결혼할 때?

짐   그런 말 하지 마. 그랬다간 나 죽어.

샤론   그러니까 그냥 가서 말하라고. 내 생각엔 개도 좋아할걸.

짐   정말 말할까 봐.

STEP 3 LISTEN AND SPEAK

한 문장 또는 한 줄을 구간 반복 재생해 놓고, 한 번 듣고
일시 정지하고 따라 말하고, 다시 듣고 일시 정지하고
따라 말하기를 익숙해질 때까지 많이 반복해 보세요.

STEP 4 SHADOWING

앞에서 연습한 문장을 구간 반복 재생해 놓고,
동시에 따라 말하기를 자연스럽게 말할 수 있을
때까지 연습해 보세요.

STEP 5 SPEAKING AND RECORDING

연습한 문장을 음원을 듣지 않고 지문도 보지 않고
혼자서 원어민과 가깝게 여러 번 말해 보세요.
그래도 잘 안 될 경우에는 자신의 말을 스마트폰으로
녹음해서 들어 보고 원어민과 최대한 비슷해질 때까지
여러 번 녹음해 보세요.

집착이 강한
남자 친구

STEP 1

LISTENING

지문을 보지 않고 이 장의 음원 파일을 귀 기울여 들어 보세요.

보지 않고 듣기만 하면 귀가 소리에 더 집중하고,

많이 들을수록 리스닝 실력도 향상됩니다.

※ 곰오디오, 알송 등 구간 반복이 되는 오디오 재생 프로그램 추천

READING

다음 지문을 읽고 모르는 단어와 표현은
우측 페이지의 어휘 설명을 참고해서 해석해 보세요.

GIRLFRIEND Hello?

BOYFRIEND I've been calling you. Why didn't you answer my call?

GIRLFRIEND Oh, I was talking to my boss.

BOYFRIEND Talking to your boss for 20 minutes? What were you talking about?

GIRLFRIEND Hey, I'm working here. Can we talk about it later?

BOYFRIEND What time are you done today?

GIRLFRIEND I might have to work late.

BOYFRIEND Yesterday you said you would be done early today. Are you not telling me something?

GIRLFRIEND No. Things happen at work. You need to knock it off.

STEP 3 부터는 한 문장 또는 한 줄을 STEP 5 까지 연습하고,
그다음 줄을 다시 STEP 3 부터 STEP 5 까지 연습하는 방식입니다.

Are you not telling me something?

나한테 말 안 한 거 있어?, 나한테 숨기는 거 있어?

things happen (예상치 못한) 일이 생기게 마련이다

Knock it off. 그만해.

➤ 해석

여자 친구	여보세요?
남자 친구	전화 여러 번 했는데. 왜 내 전화 안 받았어?
여자 친구	아, 상사랑 얘기 좀 하느라고.
남자 친구	상사랑 20분씩이나 얘길했다고? 무슨 얘길했는데?
여자 친구	자기야, 나 지금 일하는 중이야. 이따가 얘기하면 안 될까?
남자 친구	오늘 몇 시에 끝나?
여자 친구	오늘 늦게 끝날 것 같은데.
남자 친구	어젠 오늘 일찍 끝날 거라고 했잖아. 나한테 뭐 얘기 안 하는 거 있어?
여자 친구	없어. 직장에서 갑자기 일 생기는 거야 당연하잖아. 그만 좀 해.

STEP 3

LISTEN AND SPEAK

한 문장 또는 한 줄을 구간 반복 재생해 놓고, 한 번 듣고
일시 정지하고 따라 말하고, 다시 듣고 일시 정지하고
따라 말하기를 익숙해질 때까지 많이 반복해 보세요.

STEP 4   SHADOWING

앞에서 연습한 문장을 구간 반복 재생해 놓고,
동시에 따라 말하기를 자연스럽게 말할 수 있을
때까지 연습해 보세요.

STEP 5   SPEAKING AND
RECORDING

연습한 문장을 음원을 듣지 않고 지문도 보지 않고
혼자서 원어민과 가깝게 여러 번 말해 보세요.
그래도 잘 안 될 경우에는 자신의 말을 스마트폰으로
녹음해서 들어 보고 원어민과 최대한 비슷해질 때까지
여러 번 녹음해 보세요.

문어발
연애를 하다
들킨 여자

STEP 1

LISTENING

지문을 보지 않고 이 장의 음원 파일을 귀 기울여 들어 보세요.
보지 않고 듣기만 하면 귀가 소리에 더 집중하고,
많이 들을수록 리스닝 실력도 향상됩니다.

※곰오디오, 알송 등 구간 반복이 되는 오디오 재생 프로그램 추천

READING

다음 지문을 읽고 모르는 단어와 표현은
우측 페이지의 어휘 설명을 참고해서 해석해 보세요.

BOYFRIEND Don't you have something to tell me?

GIRLFRIEND No, nothing.

BOYFRIEND I talked to Sam.

GIRLFRIEND You talked to who?

BOYFRIEND Oh, I also talked to Henry. Did you think I wouldn't find out?

GIRLFRIEND Wait. It's not what you think.

BOYFRIEND I know. It's not what I think. It's what they told me.

GIRLFRIEND Hey, whatever they said, it's not true.

BOYFRIEND Was it fun to have relationships with three different men at the same time?

GIRLFRIEND Wait. I can explain.

BOYFRIEND You don't have to because it's over.

STEP 3부터는 한 문장 또는 한 줄을 STEP 5까지 연습하고,
그다음 줄을 다시 STEP 3부터 STEP 5까지 연습하는 방식입니다.

find out 알아내다

It's not what you think. 네가 생각하는 그런 게 아니야.

I can explain. 해명할 수 있어., 내가 다 설명할게.

It's over. 다 끝났어., 끝장이야.

➤ 해석

남자 친구	나한테 뭐 할 말 없어?
여자 친구	아니, 없는데.
남자 친구	나 샘하고 얘기했어.
여자 친구	누구랑 얘길했다고?
남자 친구	아, 헨리하고도 얘기했고. 내가 모를 줄 알았니?
여자 친구	잠깐만. 네가 생각하는 그런 게 아니야.
남자 친구	알아. 근데 내가 그렇게 생각해서가 아니라, 그 사람들이 그렇게 말 해 준 거라서 말이야.
여자 친구	야, 걔네가 무슨 말을 했든, 그건 사실이 아냐.
남자 친구	동시에 세 남자하고 연애하니까 재밌더냐?
여자 친구	잠깐만. 내가 다 설명할 수 있어.
남자 친구	그럴 필요 없어. 이제 다 끝났거든.

STEP 3

LISTEN AND SPEAK

한 문장 또는 한 줄을 구간 반복 재생해 놓고, 한 번 듣고
일시 정지하고 따라 말하고, 다시 듣고 일시 정지하고
따라 말하기를 익숙해질 때까지 많이 반복해 보세요.

STEP 4 SHADOWING

앞에서 연습한 문장을 구간 반복 재생해 놓고,
동시에 따라 말하기를 자연스럽게 말할 수 있을
때까지 연습해 보세요.

STEP 5 SPEAKING AND RECORDING

연습한 문장을 음원을 듣지 않고 지문도 보지 않고
혼자서 원어민과 가깝게 여러 번 말해 보세요.
그래도 잘 안 될 경우에는 자신의 말을 스마트폰으로
녹음해서 들어 보고 원어민과 최대한 비슷해질 때까지
여러 번 녹음해 보세요.

DAY
26

남자 친구한테
꼬리치는 여자에게
경고하기

LISTENING

지문을 보지 않고 이 장의 음원 파일을 귀 기울여 들어 보세요.
보지 않고 듣기만 하면 귀가 소리에 더 집중하고,
많이 들을수록 리스닝 실력도 향상됩니다.

※곰오디오, 알송 등 구간 반복이 되는 오디오 재생 프로그램 추천

READING

다음 지문을 읽고 모르는 단어와 표현은
우측 페이지의 어휘 설명을 참고해서 해석해 보세요.

FLIRTY GIRL	Wow! Look at your six pack. You must work out hard.
BOYFRIEND	Thank you.
FLIRTY GIRL	You're in the best shape of everyone on this beach, mister.
BOYFRIEND	No, I'm not. You're being too generous.
FLIRTY GIRL	Look at your body. It grabs everybody's attention, and mine, too.
GIRLFRIEND	Hey, Miss. Why don't you go work out yourself? I think you really need to.
FLIRTY GIRL	I'm sorry?
GIRLFRIEND	I said stop hitting on my boyfriend and get lost. Am I clear now?

STEP 3부터는 한 문장 또는 한 줄을 STEP 5까지 연습하고,
그다음 줄을 다시 STEP 3부터 STEP 5까지 연습하는 방식입니다.

➤ 어휘

six pack 복부 근육

work out 운동하다

be in good shape 몸매가 좋다

grab someone's attention '누구'의 관심을 끌다

hit on somebody (성적으로 끌리는) '누군가'에게 수작을 걸다

Get lost! 저리 가!, 꺼져!

➤ 해석

꼬리치는 여자	와! 이 복근 좀 봐. 운동 열심히 하시나 봐요.
남자 친구	감사합니다.
꼬리치는 여자	이 해변에서 그쪽 몸매가 제일 좋으시네요.
남자 친구	아니에요. 점수를 너무 후하게 주시네요.
꼬리치는 여자	몸을 보고 말하세요. 완전 시선 강탈인데요. 제 시선도 포함해서요.
여자 친구	저기요, 아가씨. 가서 운동이나 하시지 그래요? 아무래도 운동 좀 해야 할 것 같은데.
꼬리치는 여자	뭐라고요?
여자 친구	내 남자 친구한테 그만 치근덕거리고 꺼지라고. 이제 알아듣겠어?

STEP 3

LISTEN AND SPEAK

한 문장 또는 한 줄을 구간 반복 재생해 놓고, 한 번 듣고
일시 정지하고 따라 말하고, 다시 듣고 일시 정지하고
따라 말하기를 익숙해질 때까지 많이 반복해 보세요.

STEP 4

SHADOWING

앞에서 연습한 문장을 구간 반복 재생해 놓고,
동시에 따라 말하기를 자연스럽게 말할 수 있을
때까지 연습해 보세요.

STEP 5

SPEAKING AND
RECORDING

연습한 문장을 음원을 듣지 않고 지문도 보지 않고
혼자서 원어민과 가깝게 여러 번 말해 보세요.
그래도 잘 안 될 경우에는 자신의 말을 스마트폰으로
녹음해서 들어 보고 원어민과 최대한 비슷해질 때까지
여러 번 녹음해 보세요.

DAY

27

남자 친구가
다른 여자를
쳐다볼 때

STEP 1

LISTENING

지문을 보지 않고 이 장의 음원 파일을 귀 기울여 들어 보세요.
보지 않고 듣기만 하면 귀가 소리에 더 집중하고,
많이 들을수록 리스닝 실력도 향상됩니다.

※곰오디오, 알송 등 구간 반복이 되는 오디오 재생 프로그램 추천

STEP 2

READING

다음 지문을 읽고 모르는 단어와 표현은
우측 페이지의 어휘 설명을 참고해서 해석해 보세요.

GIRLFRIEND	You're so busy, honey.
BOYFRIEND	What do you mean? I'm not doing anything.
GIRLFRIEND	You're way too busy glancing at that lady.
BOYFRIEND	What are you talking about? What lady?
GIRLFRIEND	You thought I wouldn't notice, huh?
BOYFRIEND	I don't know what you're talking about.
GIRLFRIEND	Oh, yes you do. You also know that I will kill you if you don't stop right away.
BOYFRIEND	Gosh, why do you want to kill me all the time?

STEP 3부터는 한 문장 또는 한 줄을 STEP 5까지 연습하고,
그다음 줄을 다시 STEP 3부터 STEP 5까지 연습하는 방식입니다.

118

➤ 어휘

way too 너무 ~한

glance at ~을 힐끔거리다[쳐다보다]

stop right away 당장 그만두다

all the time 항상

➤ 해석

여자 친구	우리 자기 너무 바쁘다.
남자 친구	무슨 소리야? 나 지금 아무것도 안 하고 있는데.
여자 친구	저 여자 힐끔거리느라 엄청 바쁘네, 뭐.
남자 친구	무슨 말 하는 거야? 무슨 여자?
여자 친구	내가 모를 줄 알았지, 응?
남자 친구	대체 무슨 말인지 모르겠네.
여자 친구	어머, 잘 알면서 왜 이래. 당장 관두지 않으면 내가 자기를 죽일 거라는 것도 잘 알면서.
남자 친구	아니, 넌 왜 맨날 날 죽일 생각만 하냐?

STEP 3

LISTEN AND SPEAK

한 문장 또는 한 줄을 구간 반복 재생해 놓고, 한 번 듣고
일시 정지하고 따라 말하고, 다시 듣고 일시 정지하고
따라 말하기를 익숙해질 때까지 많이 반복해 보세요.

SHADOWING

앞에서 연습한 문장을 구간 반복 재생해 놓고,
동시에 따라 말하기를 자연스럽게 말할 수 있을
때까지 연습해 보세요.

SPEAKING AND
RECORDING

연습한 문장을 음원을 듣지 않고 지문도 보지 않고
혼자서 원어민과 가깝게 여러 번 말해 보세요.
그래도 잘 안 될 경우에는 자신의 말을 스마트폰으로
녹음해서 들어 보고 원어민과 최대한 비슷해질 때까지
여러 번 녹음해 보세요.

28

남자 친구가
다른 여자를
칭찬할 때

STEP 1

LISTENING

지문을 보지 않고 이 장의 음원 파일을 귀 기울여 들어 보세요.
보지 않고 듣기만 하면 귀가 소리에 더 집중하고,
많이 들을수록 리스닝 실력도 향상됩니다.

※곰오디오, 알송 등 구간 반복이 되는 오디오 재생 프로그램 추천

STEP 2

READING

다음 지문을 읽고 모르는 단어와 표현은
우측 페이지의 어휘 설명을 참고해서 해석해 보세요.

BOYFRIEND Oh, my gosh! That girl Edelyn is amazing!

GIRLFRIEND What's so amazing about her?

BOYFRIEND She's such a sweet person. And her smile melts everyone's heart.

GIRLFRIEND Her smile wasn't that impressive to me.

BOYFRIEND You should smile like her. Her smile lit up the whole place.

GIRLFRIEND What is she? An LED light?

BOYFRIEND Oh, come on. Don't be jealous.

GIRLFRIEND Actually, I'm jealous of her because her boyfriend doesn't compare her to other girls.

STEP 3 부터는 한 문장 또는 한 줄을 STEP 5까지 연습하고,
그다음 줄을 다시 STEP 3 부터 STEP 5까지 연습하는 방식입니다.

A's smile melts B's heart. A의 미소가 B의 마음을 살살 녹이다.

impressive 인상적인

light up the whole place 그 주위가 다 밝아지다

Don't be jealous. 질투하지 마.

be jealous of someone '누구'를 부러워하다

➤ 해석

남자 친구	세상에! 그 에들린이라는 여자 정말 괜찮더라!
여자 친구	뭐가 그렇게 괜찮아?
남자 친구	사람이 너무 착해. 게다가 한 번 웃을 때마다 사람 마음을 다 녹이잖아.
여자 친구	웃는 거 별로던데, 뭐.
남자 친구	너도 그렇게 좀 웃어 봐. 집이 다 밝아지더라.
여자 친구	그 여자가 LED 조명이야, 뭐야?
남자 친구	또 왜 이러실까. 질투 좀 하지 말고.
여자 친구	하긴, 그 여자 남자 친구는 자기 여자 친구를 다른 여자하고 비교하는 짓거리는 안 하니, 그 여자가 부럽긴 부럽네.

LISTEN AND SPEAK

한 문장 또는 한 줄을 구간 반복 재생해 놓고, 한 번 듣고
일시 정지하고 따라 말하고, 다시 듣고 일시 정지하고
따라 말하기를 익숙해질 때까지 많이 반복해 보세요.

STEP 4  SHADOWING

앞에서 연습한 문장을 구간 반복 재생해 놓고,
동시에 따라 말하기를 자연스럽게 말할 수 있을
때까지 연습해 보세요.

STEP 5 SPEAKING AND RECORDING

연습한 문장을 음원을 듣지 않고 지문도 보지 않고
혼자서 원어민과 가깝게 여러 번 말해 보세요.
그래도 잘 안 될 경우에는 자신의 말을 스마트폰으로
녹음해서 들어 보고 원어민과 최대한 비슷해질 때까지
여러 번 녹음해 보세요.

DAY

29

나 뭐 바뀐 거
없어?

STEP 1

LISTENING

지문을 보지 않고 이 장의 음원 파일을 귀 기울여 들어 보세요.
보지 않고 듣기만 하면 귀가 소리에 더 집중하고,
많이 들을수록 리스닝 실력도 향상됩니다.

※곰오디오, 알송 등 구간 반복이 되는 오디오 재생 프로그램 추천

READING

다음 지문을 읽고 모르는 단어와 표현은
우측 페이지의 어휘 설명을 참고해서 해석해 보세요.

VANESSA	Tada! Don't I look different?
CHRIS	Let me see.
VANESSA	It should be obvious.
CHRIS	Well, I give up.
VANESSA	I changed my hair color from black to dark brown. How could you not notice?
CHRIS	Black. Dark brown. They're the same.
VANESSA	How are they the same? They are obviously different.
CHRIS	They look the same to me.
VANESSA	I can't believe I'm still with you.

STEP 3부터는 한 문장 또는 한 줄을 STEP 5까지 연습하고,
그다음 줄을 다시 STEP 3부터 STEP 5까지 연습하는 방식입니다.

Tada! 짜잔!

look different 달라 보이다 (↔ **look the same** 똑같아 보이다)

It should be obvious. 딱 보면 알아., 뻔해.

A is with B. A와 B가 사귀다[함께 지내다].

➤ 해석

바네사   짜잔! 나 뭐 달라진 거 없어?

크리스   어디 보자.

바네사   딱 보면 보이잖아.

크리스   글쎄, 잘 모르겠는데.

바네사   머리 색을 검은색에서 짙은 갈색으로 바꿨잖아. 어떻게 이걸 몰라볼
         수가 있어?

크리스   검은색이나 짙은 갈색이나 그게 그거지.

바네사   그게 어떻게 같아? 엄연히 다른 색이지.

크리스   내 눈엔 똑같아 보이거든.

바네사   아직도 너랑 사귀고 있다니, 내가 미쳤지.

STEP 3   LISTEN AND SPEAK

한 문장 또는 한 줄을 구간 반복 재생해 놓고, 한 번 듣고
일시 정지하고 따라 말하고, 다시 듣고 일시 정지하고
따라 말하기를 익숙해질 때까지 많이 반복해 보세요.

STEP 4

SHADOWING

앞에서 연습한 문장을 구간 반복 재생해 놓고,
동시에 따라 말하기를 자연스럽게 말할 수 있을
때까지 연습해 보세요.

STEP 5

SPEAKING AND
RECORDING

연습한 문장을 음원을 듣지 않고 지문도 보지 않고
혼자서 원어민과 가깝게 여러 번 말해 보세요.
그래도 잘 안 될 경우에는 자신의 말을 스마트폰으로
녹음해서 들어 보고 원어민과 최대한 비슷해질 때까지
여러 번 녹음해 보세요.

DAY

30

약속에 늦은
친구

LISTENING

지문을 보지 않고 이 장의 음원 파일을 귀 기울여 들어 보세요.
보지 않고 듣기만 하면 귀가 소리에 더 집중하고,
많이 들을수록 리스닝 실력도 향상됩니다.

※ 곰오디오, 알송 등 구간 반복이 되는 오디오 재생 프로그램 추천

READING

다음 지문을 읽고 모르는 단어와 표현은
우측 페이지의 어휘 설명을 참고해서 해석해 보세요.

JIM Oh, I'm so sorry. How long have you been waiting?

EMILY More than 35 minutes. Do you even care?

JIM Of course, I do. I'm terribly sorry.

EMILY I'm ready. Go ahead.

JIM Ready for what?

EMILY I'm ready to listen to your ridiculous excuses.

JIM It's not an excuse. I had to finish a document at work.

EMILY You always have to finish documents, and I always have to wait for you, huh?

JIM I know you're mad at me, but can you stop?

EMILY I'll stop when you stop being late, OK?

STEP 2 부터는 한 문장 또는 한 줄을 STEP 5 까지 연습하고,
그다음 줄을 다시 STEP 2 부터 STEP 5 까지 연습하는 방식입니다.

Do you even care? 신경이 쓰이기는 하니?, 관심이나 있니?

Go ahead. 먼저 지나가세요., 먼저 하세요., 시작하세요.

ridiculous 말도 안 되는, 기가 막힌

excuse 변명, 핑계

➤ 해석

짐	아우, 정말 미안해. 오래 기다렸어?
에밀리	35분 넘게 기다렸는데. 신경이 쓰이기는 하냐?
짐	당연하지. 정말 미안해.
에밀리	준비됐으니까 시작해.
짐	준비되다니, 뭐가?
에밀리	네 말도 안 되는 변명 들어 줄 준비가 됐다고.
짐	변명이 아니야. 진짜로 회사에서 끝내야 할 서류가 있었어.
에밀리	넌 맨날 끝내야 할 서류가 있고, 난 맨날 널 기다려야 하고, 그치?
짐	네가 나한테 화난 건 알겠는데, 좀 그만하면 안 될까?
에밀리	네가 약속에 안 늦으면 나도 안 이럴게. 됐지?

STEP 3

LISTEN AND SPEAK

한 문장 또는 한 줄을 구간 반복 재생해 놓고, 한 번 듣고
일시 정지하고 따라 말하고, 다시 듣고 일시 정지하고
따라 말하기를 익숙해질 때까지 많이 반복해 보세요.

STEP 4 SHADOWING

앞에서 연습한 문장을 구간 반복 재생해 놓고,
동시에 따라 말하기를 자연스럽게 말할 수 있을
때까지 연습해 보세요.

STEP 5 SPEAKING AND RECORDING

연습한 문장을 음원을 듣지 않고 지문도 보지 않고
혼자서 원어민과 가깝게 여러 번 말해 보세요.
그래도 잘 안 될 경우에는 자신의 말을 스마트폰으로
녹음해서 들어 보고 원어민과 최대한 비슷해질 때까지
여러 번 녹음해 보세요.

PART

4

또 야근한다는
남자 친구

STEP 1

LISTENING

지문을 보지 않고 이 장의 음원 파일을 귀 기울여 들어 보세요.
보지 않고 듣기만 하면 귀가 소리에 더 집중하고,
많이 들을수록 리스닝 실력도 향상됩니다.

※ 곰오디오, 알송 등 구간 반복이 되는 오디오 재생 프로그램 추천

READING

다음 지문을 읽고 모르는 단어와 표현은
우측 페이지의 어휘 설명을 참고해서 해석해 보세요.

BOYFRIEND　Julie, I'm sorry, but I don't think I can see you tonight.

GIRLFRIEND　What happened?

BOYFRIEND　We have problems with our products, and I might have to stay at work all night.

GIRLFRIEND　I don't even remember the last time I saw you. This relationship is meaningless.

BOYFRIEND　I'm so sorry. Please understand me.

GIRLFRIEND　Who do you think I am? Mother Teresa?

BOYFRIEND　Please! I'll make it up to you. I promise.

GIRLFRIEND　Your promises have never been kept.

STEP 부터는 한 문장 또는 한 줄을 STEP 까지 연습하고,
그다음 줄을 다시 STEP 부터 STEP 까지 연습하는 방식입니다.

product 제품, 물건

stay at work all night 밤샘 근무를 하다, 야근을 하다

meaningless 무의미한

I'll make it up to you. 보상할게., 보답할게.

➤ 해석

남자친구　줄리, 미안한데 아무래도 오늘 밤에 못 만날 것 같아.

여자친구　무슨 일인데?

남자친구　제품에 문제가 생겨서, 밤샘 근무해야 할 것 같은데.

여자친구　자기를 마지막으로 본 게 언젠지 기억도 안 난다. 이럴 거 뭐 하러 만나.

남자친구　정말 미안해. 이해 좀 해 줘.

여자친구　내가 뭐 테레사 수녀님인 줄 알아?

남자친구　제발! 내가 나중에 다 갚을게. 약속해.

여자친구　자기가 약속을 지킨 적이 있어야 말이지.

LISTEN AND SPEAK

한 문장 또는 한 줄을 구간 반복 재생해 놓고, 한 번 듣고
일시 정지하고 따라 말하고, 다시 듣고 일시 정지하고
따라 말하기를 익숙해질 때까지 많이 반복해 보세요.

STEP 4 SHADOWING

앞에서 연습한 문장을 구간 반복 재생해 놓고,
동시에 따라 말하기를 자연스럽게 말할 수 있을
때까지 연습해 보세요.

STEP 5 SPEAKING AND RECORDING

연습한 문장을 음원을 듣지 않고 지문도 보지 않고
혼자서 원어민과 가깝게 여러 번 말해 보세요.
그래도 잘 안 될 경우에는 자신의 말을 스마트폰으로
녹음해서 들어 보고 원어민과 최대한 비슷해질 때까지
여러 번 녹음해 보세요.

32

여자 친구 쇼핑에
따라다니면

STEP 1

LISTENING

지문을 보지 않고 이 장의 음원 파일을 귀 기울여 들어 보세요.
보지 않고 듣기만 하면 귀가 소리에 더 집중하고,
많이 들을수록 리스닝 실력도 향상됩니다.

※곰오디오, 알송 등 구간 반복이 되는 오디오 재생 프로그램 추천

READING

다음 지문을 읽고 모르는 단어와 표현은
우측 페이지의 어휘 설명을 참고해서 해석해 보세요.

BOYFRIEND   Meggie, are you done now?

GIRLFRIEND   No. Let's go back to the first floor.

BOYFRIEND   Hon, can we go now?

GIRLFRIEND   Didn't you say you wouldn't complain about anything today?

BOYFRIEND   But we went through the whole building more than 10 times. Isn't that enough?

GIRLFRIEND   I'm only half way through.

BOYFRIEND   You're going to kill me today. Climbing Mount Everest cannot be harder than this.

GIRLFRIEND   Be quiet.

STEP 부터는 한 문장 또는 한 줄을   까지 연습하고,
그다음 줄을 다시   부터   까지 연습하는 방식입니다.

➤ 어휘

Are you done? 다 했어?, 다 끝났어?

went through A A를 다 훑어봤다[다 끝냈다]

only half way through 이제 겨우 반 끝낸

Mount A A 산

➤ 해석

| 남자친구 | 메기, 이제 다 했어? |
| | 아니. 다시 1층으로 가 보자. |

남자친구 메기, 이제 다 했어?

여자친구 아니. 다시 1층으로 가 보자.

남자친구 자기야, 이제 그만 가면 안 될까?

여자친구 오늘은 무슨 일이 있어도 불평 안 하겠다고 하지 않았어?

남자친구 그래도 건물 전체를 이 잡듯 열 번 이상 돌아다녔으면, 이제 된 거
아니야?

여자친구 아직 반밖에 안 봤어.

남자친구 오늘 나를 죽일 셈이군. 에베레스트 산 타는 것도 이보단 쉽겠다.

여자친구 시끄러워.

STEP 3 LISTEN AND SPEAK

한 문장 또는 한 줄을 구간 반복 재생해 놓고, 한 번 듣고
일시 정지하고 따라 말하고, 다시 듣고 일시 정지하고
따라 말하기를 익숙해질 때까지 많이 반복해 보세요.

STEP 4

SHADOWING

앞에서 연습한 문장을 구간 반복 재생해 놓고,
동시에 따라 말하기를 자연스럽게 말할 수 있을
때까지 연습해 보세요.

STEP 5

SPEAKING AND
RECORDING

연습한 문장을 음원을 듣지 않고 지문도 보지 않고
혼자서 원어민과 가깝게 여러 번 말해 보세요.
그래도 잘 안 될 경우에는 자신의 말을 스마트폰으로
녹음해서 들어 보고 원어민과 최대한 비슷해질 때까지
여러 번 녹음해 보세요.

마마보이
남자 친구

LISTENING

지문을 보지 않고 이 장의 음원 파일을 귀 기울여 들어 보세요.
보지 않고 듣기만 하면 귀가 소리에 더 집중하고,
많이 들을수록 리스닝 실력도 향상됩니다.

※ 곰오디오, 알송 등 구간 반복이 되는 오디오 재생 프로그램 추천

STEP 2

READING

다음 지문을 읽고 모르는 단어와 표현은
우측 페이지의 어휘 설명을 참고해서 해석해 보세요.

GIRLFRIEND
Why are you separating the fat from the pork bellies? There will be nothing left to eat.

BOYFRIEND
My mama said fat is terrible for your blood pressure.

GIRLFRIEND
Here we go again. Anyway, should we go to a movie after this?

BOYFRIEND
Wait. I'll ask my mom.

GIRLFRIEND
What the...! It's just a movie. What do you have to ask your mom?

BOYFRIEND
My mama said some movies are not good for my mental health.

GIRLFRIEND
I give up. This is it. It's been nice knowing you.

BOYFRIEND
Did I do something wrong?

GIRLFRIEND
You didn't do anything wrong, but my mama said you are not good for my mental health.

STEP 2 부터는 한 문장 또는 한 줄을 STEP 5 까지 연습하고,
그다음 줄을 다시 STEP 2 부터 STEP 5 까지 연습하는 방식입니다.

separate A from B B에서 A를 떼어 내다

fat 지방, 비계

blood pressure 혈압

Here we go again. 또 시작이군.

What the…! 이런!, 젠장!

This is it. 이제 다 끝났어., 이제 끝이야.

It has been nice knowing you. (다시 못 만날 상황에서) 그동안 즐거웠어.

➤ 해석

여자 친구   삼겹살에서 비계는 왜 다 골라내? 그럼 먹을 것도 없을 텐데.

남자 친구   우리 엄마가 비계는 혈압에 안 좋다고 했거든.

여자 친구   또 시작이구나. 아무튼 이거 다 먹고 영화 보러 갈까?

남자 친구   잠깐만. 엄마한테 물어보고.

여자 친구   이런! 영화 좀 보자는데, 엄마한테 대체 뭘 물어본다는 거야?

남자 친구   우리 엄마가 정신 건강에 안 좋은 영화들도 있다고 했거든.

여자 친구   됐다. 끝내자. 그동안 즐거웠다.

남자 친구   내가 뭐 잘못 했어?

여자 친구   네가 잘못한 건 없는데, 우리 엄마가 널 사귀는 게 내 정신 건강에
          안 좋다고 하셔서.

STEP 3 LISTEN AND SPEAK

한 문장 또는 한 줄을 구간 반복 재생해 놓고, 한 번 듣고
일시 정지하고 따라 말하고, 다시 듣고 일시 정지하고
따라 말하기를 익숙해질 때까지 많이 반복해 보세요.

STEP 4 SHADOWING

앞에서 연습한 문장을 구간 반복 재생해 놓고,
동시에 따라 말하기를 자연스럽게 말할 수 있을
때까지 연습해 보세요.

STEP 5 SPEAKING AND RECORDING

연습한 문장을 음원을 듣지 않고 지문도 보지 않고
혼자서 원어민과 가깝게 여러 번 말해 보세요.
그래도 잘 안 될 경우에는 자신의 말을 스마트폰으로
녹음해서 들어 보고 원어민과 최대한 비슷해질 때까지
여러 번 녹음해 보세요.

DAY

34

툭하면
회사를 관두는
남자 친구

STEP 1

LISTENING

지문을 보지 않고 이 장의 음원 파일을 귀 기울여 들어 보세요.
보지 않고 듣기만 하면 귀가 소리에 더 집중하고,
많이 들을수록 리스닝 실력도 향상됩니다.

※ 곰오디오, 알송 등 구간 반복이 되는 오디오 재생 프로그램 추천

READING

다음 지문을 읽고 모르는 단어와 표현은
우측 페이지의 어휘 설명을 참고해서 해석해 보세요.

GIRLFRIEND   You're off early today.

BOYFRIEND   I quit.

GIRLFRIEND   Deja vu! I think I've heard that many times before.

BOYFRIEND   I didn't like the pay. I deserve more than that.

GIRLFRIEND   I like that excuse better. Last time you quit because you didn't like the office, right?

BOYFRIEND   I don't quit without a reason.

GIRLFRIEND   And I don't dump my boyfriend without a reason. You just gave me one.

BOYFRIEND   You can't do this to me.

GIRLFRIEND   Why not? If you quit one more time, I'm done with you.

STEP 부터는 한 문장 또는 한 줄을 STEP 까지 연습하고,
그다음 줄을 다시 STEP 부터 STEP 까지 연습하는 방식입니다.

You're off early today. 너 오늘 일이 일찍 끝났네.

quit 그만두다

pay 급여

deserve ~할 자격이 있다, ~해도 싸다, ~해야 마땅하다

dump 버리다, (애인을) 차다

I'm done with you. 너랑은 끝이야.

➤ 해석

여자 친구   오늘 일찍 끝났나 보네.

남자 친구   일 관뒀어.

여자 친구   이게 웬 데자뷰! 전에도 많이 듣던 말인데.

남자 친구   월급이 맘에 안 들어서. 나 정도면 당연히 더 받아야 하는데 말이야.

여자 친구   이번 핑계가 훨씬 낫다. 지난번엔 사무실이 마음에 안 든다고 관뒀잖아,
            그치?

남자 친구   내가 아무 이유 없이 직장을 때려치우지는 않아.

여자 친구   그리고 나도 아무 이유 없이 남자 친구를 차버리지는 않아. 방금 네가
            이유를 줘서 그렇지.

남자 친구   네가 나한테 이러면 안 되지.

여자 친구   안 되긴 왜 안 돼? 한 번만 더 직장 때려치우면, 너랑은 끝이야.

STEP 3

LISTEN AND SPEAK

한 문장 또는 한 줄을 구간 반복 재생해 놓고, 한 번 듣고
일시 정지하고 따라 말하고, 다시 듣고 일시 정지하고
따라 말하기를 익숙해질 때까지 많이 반복해 보세요.

STEP 4 SHADOWING

앞에서 연습한 문장을 구간 반복 재생해 놓고,
동시에 따라 말하기를 자연스럽게 말할 수 있을
때까지 연습해 보세요.

STEP 5 SPEAKING AND RECORDING

연습한 문장을 음원을 듣지 않고 지문도 보지 않고
혼자서 원어민과 가깝게 여러 번 말해 보세요.
그래도 잘 안 될 경우에는 자신의 말을 스마트폰으로
녹음해서 들어 보고 원어민과 최대한 비슷해질 때까지
여러 번 녹음해 보세요.

결혼 전의 말과
다른 남편

STEP 1

LISTENING

지문을 보지 않고 이 장의 음원 파일을 귀 기울여 들어 보세요.
보지 않고 듣기만 하면 귀가 소리에 더 집중하고,
많이 들을수록 리스닝 실력도 향상됩니다.

※ 곰오디오, 알송 등 구간 반복이 되는 오디오 재생 프로그램 추천

STEP 2

READING

다음 지문을 읽고 모르는 단어와 표현은
우측 페이지의 어휘 설명을 참고해서 해석해 보세요.

WIFE   Hon, can you do the dishes tonight?

HUSBAND   Nah. I'm in the middle of something.

WIFE   Hon, can you help me find someone?

HUSBAND   Find who?

WIFE   There was a guy who told me that he would do
           everything for me if I married him.

HUSBAND   What? Who's this guy?

WIFE   I married him, but he disappeared. I want to
           find him so badly.

HUSBAND   I got it. I'll do the dishes.

WIFE   Oh, I just found him!

STEP 3부터는 한 문장 또는 한 줄을 STEP 5까지 연습하고,
그다음 줄을 다시 STEP 3부터 STEP 5까지 연습하는 방식입니다.

hon 자기야 (※구어체로 honey의 준말)

do the dishes 설거지하다

I'm in the middle of something. 나 뭘 좀 하는 중이야.

so badly 간절하게, 꼭

I got it. 알았어., 내가 할게., 내가 맡을게.

➤ 해석

아내   자기야, 오늘 저녁엔 자기가 설거지 좀 해 줄래?

남편   아니. 나 지금 뭘 좀 하는 중이야.

아내   자기야, 내가 찾아야 할 사람이 있는데 좀 도와줄래?

남편   누굴 찾는데?

아내   내가 결혼만 해 주면 뭐든 다 해 주겠다던 남자가 있었거든.

남편   뭐? 그게 누구야?

아내   결혼해 줬더니, 그 사람이 감쪽같이 사라진 거야. 꼭 다시 찾고 싶은데
       말이야.

남편   알겠어. 내가 설거지하면 되잖아.

아내   어머, 방금 그 사람을 찾았지 뭐야!

STEP 3

LISTEN AND SPEAK

한 문장 또는 한 줄을 구간 반복 재생해 놓고, 한 번 듣고
일시 정지하고 따라 말하고, 다시 듣고 일시 정지하고
따라 말하기를 익숙해질 때까지 많이 반복해 보세요.

STEP 4

SHADOWING

앞에서 연습한 문장을 구간 반복 재생해 놓고,
동시에 따라 말하기를 자연스럽게 말할 수 있을
때까지 연습해 보세요.

STEP 5

SPEAKING AND
RECORDING

연습한 문장을 음원을 듣지 않고 지문도 보지 않고
혼자서 원어민과 가깝게 여러 번 말해 보세요.
그래도 잘 안 될 경우에는 자신의 말을 스마트폰으로
녹음해서 들어 보고 원어민과 최대한 비슷해질 때까지
여러 번 녹음해 보세요.

DAY

36

전구 갈아 달라고
부탁하기

STEP 1

LISTENING

지문을 보지 않고 이 장의 음원 파일을 귀 기울여 들어 보세요.
보지 않고 듣기만 하면 귀가 소리에 더 집중하고,
많이 들을수록 리스닝 실력도 향상됩니다.

※ 곰오디오, 알송 등 구간 반복이 되는 오디오 재생 프로그램 추천

READING

다음 지문을 읽고 모르는 단어와 표현은
우측 페이지의 어휘 설명을 참고해서 해석해 보세요.

WIFE   Shoot! The light's out again. Alex? Alex?

HUSBAND   What is it?

WIFE   Could you come here and change the light
          bulb?

HUSBAND   Which room?

WIFE   The family room.

HUSBAND   I just changed that one a couple weeks ago.

WIFE   I know. The light bulb didn't last long for some
          reason.

STEP 2 부터는 한 문장 또는 한 줄을 STEP 5 까지 연습하고,
그다음 줄을 다시 STEP 2 부터 STEP 5 까지 연습하는 방식입니다.

➤ 어휘

Shoot! 이런!, 젠장! (※Shit!를 순화해서 쓰는 말)

What is it? 왜?, 무슨 일이야?

The light is out. 불[전등]이 나갔어.

light bulb 전구

family room 거실 (※living room과 거의 같은 뜻)

for some reason 무슨 이유에서인지, 왜 그러는지 모르지만

➤ 해석

아내	젠장! 불이 또 나갔네. 알렉스? 알렉스?
남편	왜?
아내	이리 와서 전구 좀 갈아 줄래?
남편	어느 방?
아내	거실.
남편	그거 몇 주 전에 갈았는데.
아내	그러니까. 뭐가 문제인지 전구가 금방 나갔어.

STEP 3

LISTEN AND SPEAK

한 문장 또는 한 줄을 구간 반복 재생해 놓고, 한 번 듣고
일시 정지하고 따라 말하고, 다시 듣고 일시 정지하고
따라 말하기를 익숙해질 때까지 많이 반복해 보세요.

STEP 4

SHADOWING

앞에서 연습한 문장을 구간 반복 재생해 놓고,
동시에 따라 말하기를 자연스럽게 말할 수 있을
때까지 연습해 보세요.

STEP 5

SPEAKING AND RECORDING

연습한 문장을 음원을 듣지 않고 지문도 보지 않고
혼자서 원어민과 가깝게 여러 번 말해 보세요.
그래도 잘 안 될 경우에는 자신의 말을 스마트폰으로
녹음해서 들어 보고 원어민과 최대한 비슷해질 때까지
여러 번 녹음해 보세요.

샤워 후
정리 안 하는
룸메이트

STEP 1

LISTENING

지문을 보지 않고 이 장의 음원 파일을 귀 기울여 들어 보세요.
보지 않고 듣기만 하면 귀가 소리에 더 집중하고,
많이 들을수록 리스닝 실력도 향상됩니다.

※곰오디오, 알송 등 구간 반복이 되는 오디오 재생 프로그램 추천

READING

다음 지문을 읽고 모르는 단어와 표현은
우측 페이지의 어휘 설명을 참고해서 해석해 보세요.

DARREN Did you clean your hair from the shower drain
this morning?

BETTY Oh, I forgot. I'll do it tomorrow.

DARREN Please take care of it today so I can shower
early tomorrow morning.

BETTY What's the big deal? Hair won't hurt you.

DARREN The shower drain is all clogged up with your
hair. It doesn't drain.

BETTY All right, all right.

DARREN Thanks. Don't forget to clean after each shower,
please.

부터는 한 문장 또는 한 줄을 까지 연습하고,
그다음 줄을 다시 부터 까지 연습하는 방식입니다.

drain 배수구, 수챗구멍, 물이 빠지다

What's the big deal? 그게 무슨 대수야?

Someone/Something won't hurt you.

'누가[무엇이]' 너한테 해를 입히지는 않을 거야.

clog up 꽉 막히다

It doesn't drain. 물이 안 빠져., 수챗구멍이 막혔어.

after each something 매번 '무엇'을 하고 나서

➤ 해석

대런   오늘 아침에 샤워실 배수구에 있는 머리카락 치웠어?

베티   아, 까먹었다. 내일 할게.

대런   내일 아침 일찍 샤워 좀 하게 제발 오늘 해결해 줘.

베티   그게 뭐 그리 대수라고? 머리카락이 너한테 해를 입히는 것도 아니고.

대런   샤워실 배수구가 네 머리카락 때문에 꽉 막혔어. 물이 안 내려간다고.

베티   알았어, 알았다고.

대런   고마워. 매번 샤워하고 나서 잊지 말고 꼭 좀 치워 줘.

STEP 3

LISTEN AND SPEAK

한 문장 또는 한 줄을 구간 반복 재생해 놓고, 한 번 듣고
일시 정지하고 따라 말하고, 다시 듣고 일시 정지하고
따라 말하기를 익숙해질 때까지 많이 반복해 보세요.

STEP 4   SHADOWING

앞에서 연습한 문장을 구간 반복 재생해 놓고,
동시에 따라 말하기를 자연스럽게 말할 수 있을
때까지 연습해 보세요.

STEP 5   SPEAKING AND RECORDING

연습한 문장을 음원을 듣지 않고 지문도 보지 않고
혼자서 원어민과 가깝게 여러 번 말해 보세요.
그래도 잘 안 될 경우에는 자신의 말을 스마트폰으로
녹음해서 들어 보고 원어민과 최대한 비슷해질 때까지
여러 번 녹음해 보세요.

밤마다
소음을 내는
하우스메이트

STEP 1

LISTENING

지문을 보지 않고 이 장의 음원 파일을 귀 기울여 들어 보세요.
보지 않고 듣기만 하면 귀가 소리에 더 집중하고,
많이 들을수록 리스닝 실력도 향상됩니다.

※곰오디오, 알송 등 구간 반복이 되는 오디오 재생 프로그램 추천

STEP 2

READING

다음 지문을 읽고 모르는 단어와 표현은
우측 페이지의 어휘 설명을 참고해서 해석해 보세요.

JOHN   Hey, could you do me a favor?

JENNA   Sure. What is it?

JOHN   I know you and your boyfriend are having fun
together, but could you keep it down at night?

JENNA   Can you hear us?

JOHN   Of course. We live in the same house.

JENNA   Oh, we're sorry. We'll be careful.

STEP 2 부터는 한 문장 또는 한 줄을 STEP 5 까지 연습하고,
그다음 줄을 다시 STEP 2 부터 STEP 5 까지 연습하는 방식입니다.

Could you do me a favor? 부탁 좀 들어줄래?, 뭐 좀 부탁해도 될까?

keep it down 조용히 하다

➤ 해석

존 　 저기, 부탁 하나만 해도 될까?

제나 　 응. 뭔데?

존 　 네가 남자 친구랑 재밌게 잘 지내는 건 알겠는데, 밤엔 좀 조용히 해 줄 수

　　　 있을까?

제나 　 우리 소리가 들려?

존 　 당연하지. 한 집에 사는데.

제나 　 아, 미안해. 우리가 조심할게.

STEP 3

LISTEN AND SPEAK

한 문장 또는 한 줄을 구간 반복 재생해 놓고, 한 번 듣고
일시 정지하고 따라 말하고, 다시 듣고 일시 정지하고
따라 말하기를 익숙해질 때까지 많이 반복해 보세요.

STEP 4 SHADOWING

앞에서 연습한 문장을 구간 반복 재생해 놓고,
동시에 따라 말하기를 자연스럽게 말할 수 있을
때까지 연습해 보세요.

STEP 5 SPEAKING AND RECORDING

연습한 문장을 음원을 듣지 않고 지문도 보지 않고
혼자서 원어민과 가깝게 여러 번 말해 보세요.
그래도 잘 안 될 경우에는 자신의 말을 스마트폰으로
녹음해서 들어 보고 원어민과 최대한 비슷해질 때까지
여러 번 녹음해 보세요.

막힌 변기
뚫어 달라고
부탁하기

STEP 1

LISTENING

지문을 보지 않고 이 장의 음원 파일을 귀 기울여 들어 보세요.
보지 않고 듣기만 하면 귀가 소리에 더 집중하고,
많이 들을수록 리스닝 실력도 향상됩니다.

※ 곰오디오, 알송 등 구간 반복이 되는 오디오 재생 프로그램 추천

READING

다음 지문을 읽고 모르는 단어와 표현은
우측 페이지의 어휘 설명을 참고해서 해석해 보세요.

WIFE   John, I need you.

HUSBAND   What's going on?

WIFE   The toilet doesn't flush. It's all clogged up.

HUSBAND   Try to flush again.

WIFE   No. It will overflow.

HUSBAND   Gosh, what a mess!

WIFE   Don't look.

HUSBAND   Where's the plunger?

WIFE   It's in the other bathroom. I'll go get it.

STEP 2부터는 한 문장 또는 한 줄을 STEP 5까지 연습하고,
그다음 줄을 다시 STEP 2부터 STEP 5까지 연습하는 방식입니다.

➤ 어휘

flush (변기의) 물을 내리다

overflow 넘치다, 범람하다

What a mess! 정말 난장판이군!, 지저분해 죽겠네!

plunger 뚫어뻥(변기 뚫는 고무 막대)

➤ 해석

아내　　존, 이리 좀 와 봐.

남편　　무슨 일인데?

아내　　변기에 물이 안 내려가. 꽉 막혔어.

남편　　다시 한번 물 내려 봐.

아내　　안 돼. 다 넘칠거야.

남편　　아우, 더러워!

아내　　보지 마.

남편　　뚫어뻥 어딨어?

아내　　다른 화장실에 있어. 내가 가서 가져올게.

LISTEN AND SPEAK

한 문장 또는 한 줄을 구간 반복 재생해 놓고, 한 번 듣고
일시 정지하고 따라 말하고, 다시 듣고 일시 정지하고
따라 말하기를 익숙해질 때까지 많이 반복해 보세요.

STEP 4

SHADOWING

앞에서 연습한 문장을 구간 반복 재생해 놓고,
동시에 따라 말하기를 자연스럽게 말할 수 있을
때까지 연습해 보세요.

STEP 5

SPEAKING AND
RECORDING

연습한 문장을 음원을 듣지 않고 지문도 보지 않고
혼자서 원어민과 가깝게 여러 번 말해 보세요.
그래도 잘 안 될 경우에는 자신의 말을 스마트폰으로
녹음해서 들어 보고 원어민과 최대한 비슷해질 때까지
여러 번 녹음해 보세요.

친구 집을
부러워하는
아내

LISTENING

지문을 보지 않고 이 장의 음원 파일을 귀 기울여 들어 보세요.
보지 않고 듣기만 하면 귀가 소리에 더 집중하고,
많이 들을수록 리스닝 실력도 향상됩니다.

※곰오디오, 알송 등 구간 반복이 되는 오디오 재생 프로그램 추천

READING

다음 지문을 읽고 모르는 단어와 표현은
우측 페이지의 어휘 설명을 참고해서 해석해 보세요.

WIFE   I went to Cathy's house today, and, oh, my gosh! Her house was gorgeous.

HUSBAND   I guess it was big.

WIFE   It was huge, and so classy. Everything in her house was high-end.

HUSBAND   She must be rich.

WIFE   She has a rich husband. He owns the number one law firm in town and he makes a fortune.

HUSBAND   Good for him.

WIFE   Cathy is so lucky. She must have saved the country in her previous life to deserve him.

HUSBAND   I guess it's clear that we didn't save anything in our previous lives.

STEP 3부터는 한 문장 또는 한 줄을 STEP 5까지 연습하고,
그다음 줄을 다시 STEP 3부터 STEP 5까지 연습하는 방식입니다.

gorgeous 근사한, 아름다운

huge 크기가 어마어마한, 거대한

classy 고급인, 격식 있는

high-end 최고급의

make a fortune 돈을 엄청 잘 벌다

previous life 전생

➤ 해석

아내   오늘 캐시 집에 갔다 왔는데, 세상에나! 집 끝내주더라.

남편   집이 큰가 보네.

아내   어마어마하게 크고, 엄청 고급이더라고. 집에 있는 게 다 최고급이야.

남편   돈이 많은가 보지.

아내   남편이 부자야. 그 지역에서 제일 잘나가는 법률 회사 대표인데 돈을
        억수로 번대.

남편   좋겠네.

아내   캐시는 복도 많지. 그런 남자를 만난 거 보면 전생에 나라를 구한 게
        분명해.

남편   우린 전생에 아무것도 안 구한 게 분명하군.

LISTEN AND SPEAK

한 문장 또는 한 줄을 구간 반복 재생해 놓고, 한 번 듣고
일시 정지하고 따라 말하고, 다시 듣고 일시 정지하고
따라 말하기를 익숙해질 때까지 많이 반복해 보세요.

STEP 4 SHADOWING

앞에서 연습한 문장을 구간 반복 재생해 놓고,
동시에 따라 말하기를 자연스럽게 말할 수 있을
때까지 연습해 보세요.

STEP 5 SPEAKING AND RECORDING

연습한 문장을 음원을 듣지 않고 지문도 보지 않고
혼자서 원어민과 가깝게 여러 번 말해 보세요.
그래도 잘 안 될 경우에는 자신의 말을 스마트폰으로
녹음해서 들어 보고 원어민과 최대한 비슷해질 때까지
여러 번 녹음해 보세요.

~ PART ~

5

늦게까지 안 자는 아이

LISTENING

지문을 보지 않고 이 장의 음원 파일을 귀 기울여 들어 보세요.
보지 않고 듣기만 하면 귀가 소리에 더 집중하고,
많이 들을수록 리스닝 실력도 향상됩니다.

※곰오디오, 알송 등 구간 반복이 되는 오디오 재생 프로그램 추천

READING

다음 지문을 읽고 모르는 단어와 표현은
우측 페이지의 어휘 설명을 참고해서 해석해 보세요.

MOM   Are you still up? You need to go to bed, honey.

SON   I can't fall asleep for some reason.

MOM   I think I know why. You had too much chocolate
before bed.

SON   I just ate a small bag.

MOM   What kind of small bag is bigger than your
stomach? I should have stopped you.

SON   Yeah, Mommy. It's all your fault.

MOM   Listen to yourself. It's a side effect of the sugar
high. Go to bed now.

SON   I can try, but don't expect too much, Mommy.

STEP 부터는 한 문장 또는 한 줄을 STEP 5까지 연습하고,
그다음 줄을 다시 STEP 부터 STEP 까지 연습하는 방식입니다.

be still up 여태 깨어 있다

before bed 잠자기 전에

I should have stopped you. 내가 널 못 하게 말렸어야 했는데.

side effect 부작용

sugar high (당분을 지나치게 많이 섭취한 후) 각성 상태, 신나고 흥분된 상태

Don't expect too much. 많이 기대하지는 마세요.

➤ 해석

엄마 아직도 안 자니? 얘야, 이제 그만 자야지.

아들 왜 그런지 잠이 안 와요.

엄마 엄마는 이유를 알 것 같다. 자기 전에 초콜릿을 너무 많이 먹어서 그래.

아들 작은 걸로 한 봉지만 먹었는걸요.

엄마 무슨 작은 봉지가 네 위장보다도 크니? 못 먹게 내가 말렸어야 했는데.

아들 맞아요, 엄마. 다 엄마 탓이에요.

엄마 저 말 하는 것 좀 봐. 설탕을 많이 먹으면 꼭 저런 부작용이 생겨요. 이제 자.

아들 노력은 하겠지만, 너무 큰 기대는 하지 마세요, 엄마.

STEP 3

LISTEN AND SPEAK

한 문장 또는 한 줄을 구간 반복 재생해 놓고, 한 번 듣고
일시 정지하고 따라 말하고, 다시 듣고 일시 정지하고
따라 말하기를 익숙해질 때까지 많이 반복해 보세요.

STEP 4 SHADOWING

앞에서 연습한 문장을 구간 반복 재생해 놓고,
동시에 따라 말하기를 자연스럽게 말할 수 있을
때까지 연습해 보세요.

STEP 5 SPEAKING AND RECORDING

연습한 문장을 음원을 듣지 않고 지문도 보지 않고
혼자서 원어민과 가깝게 여러 번 말해 보세요.
그래도 잘 안 될 경우에는 자신의 말을 스마트폰으로
녹음해서 들어 보고 원어민과 최대한 비슷해질 때까지
여러 번 녹음해 보세요.

DAY

42

밤늦게 집에
들어오는 딸

STEP 1

LISTENING

지문을 보지 않고 이 장의 음원 파일을 귀 기울여 들어 보세요.
보지 않고 듣기만 하면 귀가 소리에 더 집중하고,
많이 들을수록 리스닝 실력도 향상됩니다.

※곰오디오, 알송 등 구간 반복이 되는 오디오 재생 프로그램 추천

READING

다음 지문을 읽고 모르는 단어와 표현은
우측 페이지의 어휘 설명을 참고해서 해석해 보세요.

DAD   You know it's after midnight.

DAUGHTER   Why are you still up, Dad?

DAD   Because my daughter who's wearing a tiny
            skirt didn't come home on time.

DAUGHTER   Come on, Dad. Don't be old-fashioned. And I
            don't have a curfew.

DAD   Well, your skirt needs to be five times longer
            than that. And you'll have a curfew now.

DAUGHTER   You've got to be kidding me. You know I'm 18.
            I'm not your baby girl anymore.

DAD   You'll be my baby girl forever. And my baby
            girl needs a curfew. Ten!

DAUGHTER   Is this some kind of joke? I can't believe it.

STEP 3부터는 한 문장 또는 한 줄을 STEP 5까지 연습하고,
그다음 줄을 다시 STEP 3부터 STEP 5까지 연습하는 방식입니다.

182

on time 시간에 맞춰서, 정시에

curfew 통금 시간

five times 다섯 배

Is this some kind of joke? 농담이야, 뭐야?

➤ 해석

아빠   자정이 지났다는 건 알고 있겠지.

딸   아빠, 왜 아직 안 주무셨어요?

아빠   손바닥 만한 치마를 입고 나간 내 딸이 제시간에 집에 안 들어와서 말이다.

딸   아빠, 제발. 노인네 같은 소리 좀 하지 마세요. 그리고 뭐 통금 시간이
     있는 것도 아니고.

아빠   음, 네 치마는 그것보다 다섯 배는 길어야 하고, 이제부터는 통금이란 게
     있을 예정이다.

딸   말도 안 돼. 저 18살인 거 아시잖아요. 더 이상 어린애가 아니라고요.

아빠   나한테 넌 언제나 어린애야. 그리고 어린애한테는 통금 시간이 필요하지.
     10시다!

딸   지금 농담하시는 거예요, 뭐예요? 진짜 기막혀.

STEP 3   LISTEN AND SPEAK

한 문장 또는 한 줄을 구간 반복 재생해 놓고, 한 번 듣고
일시 정지하고 따라 말하고, 다시 듣고 일시 정지하고
따라 말하기를 익숙해질 때까지 많이 반복해 보세요.

STEP 4

SHADOWING

앞에서 연습한 문장을 구간 반복 재생해 놓고,
동시에 따라 말하기를 자연스럽게 말할 수 있을
때까지 연습해 보세요.

STEP 5

SPEAKING AND
RECORDING

연습한 문장을 음원을 듣지 않고 지문도 보지 않고
혼자서 원어민과 가깝게 여러 번 말해 보세요.
그래도 잘 안 될 경우에는 자신의 말을 스마트폰으로
녹음해서 들어 보고 원어민과 최대한 비슷해질 때까지
여러 번 녹음해 보세요.

43

강아지를
사 달라고
떼쓰는 아이

STEP 1

LISTENING

지문을 보지 않고 이 장의 음원 파일을 귀 기울여 들어 보세요.
보지 않고 듣기만 하면 귀가 소리에 더 집중하고,
많이 들을수록 리스닝 실력도 향상됩니다.

※곰오디오, 알송 등 구간 반복이 되는 오디오 재생 프로그램 추천

STEP 2

READING

다음 지문을 읽고 모르는 단어와 표현은
우측 페이지의 어휘 설명을 참고해서 해석해 보세요.

SON   Mom, can we buy a puppy? Please?

MOM   Will you stop? I already said no.

SON   Why not?

MOM   It just doesn't work for us.

SON   I'll walk it. I'll feed it. I'll clean up after it. I'll do everything.

MOM   Your dad has dog allergies.

SON   There are hypoallergenic dogs. They don't shed and they don't trigger allergies.

MOM   Let me make myself clear. No dogs, OK?

STEP 1부터는 한 문장 또는 한 줄을 STEP 5까지 연습하고,
그다음 줄을 다시 STEP 1부터 STEP 5까지 연습하는 방식입니다.

It doesn't work. 계획에 맞지 않아., 그래 봤자 소용없어., 안 돼.

walk the dog 개를 산책시키다

feed (사람이나 동물에게) 끼니를 챙겨 주다

clean up after ~을 한 후 뒷정리하다, 똥을 치우다

hypoallergenic 저자극의, 자극성이 없는

shed 털이 빠지다

trigger 유발하다, 자극하다, 계기가 되다

Let me make myself clear. 내 입장을 확실하게 밝혀 둘게., 분명히 말해 두지.

아들   엄마, 우리 강아지 사면 안 돼요? 네?

엄마   그만 좀 할래? 안 된다고 했지.

아들   왜 안 되는데요?

엄마   우리 집에 개는 힘들다니까.

아들   제가 산책도 시키고, 밥도 주고, 똥도 치울게요. 제가 다 하면 되잖아요.

엄마   아빠가 개 알레르기가 있잖니.

아들   알레르기 없는 개들도 있어요. 털도 안 빠지고 알레르기도 안 일으키고.

엄마   확실히 말해 두겠는데, 개는 안 돼, 알았니?

STEP 3

LISTEN AND SPEAK

한 문장 또는 한 줄을 구간 반복 재생해 놓고, 한 번 듣고
일시 정지하고 따라 말하고, 다시 듣고 일시 정지하고
따라 말하기를 익숙해질 때까지 많이 반복해 보세요.

STEP 4 SHADOWING

앞에서 연습한 문장을 구간 반복 재생해 놓고,
동시에 따라 말하기를 자연스럽게 말할 수 있을
때까지 연습해 보세요.

STEP 5 SPEAKING AND RECORDING

연습한 문장을 음원을 듣지 않고 지문도 보지 않고
혼자서 원어민과 가깝게 여러 번 말해 보세요.
그래도 잘 안 될 경우에는 자신의 말을 스마트폰으로
녹음해서 들어 보고 원어민과 최대한 비슷해질 때까지
여러 번 녹음해 보세요.

제발 장가 좀 가라는 엄마

LISTENING

지문을 보지 않고 이 장의 음원 파일을 귀 기울여 들어 보세요.
보지 않고 듣기만 하면 귀가 소리에 더 집중하고,
많이 들을수록 리스닝 실력도 향상됩니다.

※곰오디오, 알송 등 구간 반복이 되는 오디오 재생 프로그램 추천

READING

다음 지문을 읽고 모르는 단어와 표현은
우측 페이지의 어휘 설명을 참고해서 해석해 보세요.

MOM   It's the weekend, son. Why don't you go out on a date?

SON   I don't have a date, Mom.

MOM   Why don't you go out and make one, then?

SON   You're funny.

MOM   Are you really going to be single for life?

SON   Do you mind?

MOM   Yes, I mind. You should have a wife who'll keep you on track.

SON   I don't know, Mom. It sounds old-fashioned to me.

STEP 3 부터는 한 문장 또는 한 줄을 STEP 5 까지 연습하고,
그다음 줄을 다시 STEP 3 부터 STEP 5 까지 연습하는 방식입니다.

go out on a date 데이트하다

single for life 평생 독신인

on track 순조롭게 잘, 잘 따라가는

keep someone on track '누구'를 잘 이끌어 주다[보필해 주다]

➤ 해석

엄마	아들, 주말이야. 나가서 데이트 좀 하지 그래?
아들	내가 데이트할 사람이 어딨다고, 엄마는.
엄마	그럼 나가서 하나 만들어 보는 건 어때?
아들	우리 엄마 참 재밌으셔.
엄마	정말로 평생 혼자 살 거니?
아들	그럼 안 돼요?
엄마	당연히 안 되지. 널 잘 보필해 줄 아내가 꼭 있어야 해.
아들	글쎄요, 엄마. 그런 생각은 너무 구식 같은데요.

STEP 3

LISTEN AND SPEAK

한 문장 또는 한 줄을 구간 반복 재생해 놓고, 한 번 듣고
일시 정지하고 따라 말하고, 다시 듣고 일시 정지하고
따라 말하기를 익숙해질 때까지 많이 반복해 보세요.

SHADOWING

앞에서 연습한 문장을 구간 반복 재생해 놓고,
동시에 따라 말하기를 자연스럽게 말할 수 있을
때까지 연습해 보세요.

SPEAKING AND
RECORDING

연습한 문장을 음원을 듣지 않고 지문도 보지 않고
혼자서 원어민과 가깝게 여러 번 말해 보세요.
그래도 잘 안 될 경우에는 자신의 말을 스마트폰으로
녹음해서 들어 보고 원어민과 최대한 비슷해질 때까지
여러 번 녹음해 보세요.

DAY

45

모태 솔로 앞에서
배부른 소리

LISTENING

지문을 보지 않고 이 장의 음원 파일을 귀 기울여 들어 보세요.
보지 않고 듣기만 하면 귀가 소리에 더 집중하고,
많이 들을수록 리스닝 실력도 향상됩니다.

※ 곰오디오, 알송 등 구간 반복이 되는 오디오 재생 프로그램 추천

STEP 2

READING

다음 지문을 읽고 모르는 단어와 표현은
우측 페이지의 어휘 설명을 참고해서 해석해 보세요.

CHARLIE Have you seen my girlfriend?

RYAN I saw her at Tom's wedding.

CHARLIE Oh, that's right. What do you think about the
way she dresses?

RYAN I don't even remember what she was wearing
that day. Why?

CHARLIE She doesn't know how to dress and she
embarrasses me in public.

RYAN What's the big deal? If I had a girlfriend, I'd be
happy if she wore a plastic bag.

CHARLIE Can she just wear something decent?

RYAN Hey, stop whining. At least you have a girlfriend.
I've never had one.

STEP 3부터는 한 문장 또는 한 줄을 STEP 5까지 연습하고,
그다음 줄을 다시 STEP 3부터 STEP 5까지 연습하는 방식입니다.

the way ~하는 방법[방식]

embarrass ~에게 망신을 주다, ~를 창피하게 하다

in public 사람들 앞에서, 공공 장소에서

plastic bag 비닐봉지

whine 불평하다, 투정하다

➤ 해석

찰리 너, 내 여자 친구 본 적 있던가?

라이언 톰 결혼식에서 봤었지.

찰리 아, 그렇지. 걔 옷 입는 스타일에 대해서 어떻게 생각하나?

라이언 그날 무슨 옷을 입었었는지 기억도 안 나는데. 왜?

찰리 어쩜 그렇게 옷을 못 입는지 사람들 앞에서 내가 창피해 죽겠다니까.

라이언 그게 뭐가 중요하나? 난 여자 친구만 있다면 여자 친구가 비닐봉지를 입고 다닌다 해도 좋기만 하겠다.

찰리 그냥 좀 웬 만큼이라도 입을 수는 없나?

라이언 야, 불평 그만해. 그래도 넌 여자 친구라도 있잖아. 난 모태 솔로다.

STEP 3 LISTEN AND SPEAK

한 문장 또는 한 줄을 구간 반복 재생해 놓고, 한 번 듣고
일시 정지하고 따라 말하고, 다시 듣고 일시 정지하고
따라 말하기를 익숙해질 때까지 많이 반복해 보세요.

SHADOWING

앞에서 연습한 문장을 구간 반복 재생해 놓고,
동시에 따라 말하기를 자연스럽게 말할 수 있을
때까지 연습해 보세요.

SPEAKING AND
RECORDING

연습한 문장을 음원을 듣지 않고 지문도 보지 않고
혼자서 원어민과 가깝게 여러 번 말해 보세요.
그래도 잘 안 될 경우에는 자신의 말을 스마트폰으로
녹음해서 들어 보고 원어민과 최대한 비슷해질 때까지
여러 번 녹음해 보세요.

46

모태 솔로 앞에서
남자 친구 자랑

LISTENING

지문을 보지 않고 이 장의 음원 파일을 귀 기울여 들어 보세요.
보지 않고 듣기만 하면 귀가 소리에 더 집중하고,
많이 들을수록 리스닝 실력도 향상됩니다.

※곰오디오, 알송 등 구간 반복이 되는 오디오 재생 프로그램 추천

READING

다음 지문을 읽고 모르는 단어와 표현은
우측 페이지의 어휘 설명을 참고해서 해석해 보세요.

KRISTINE	Is my skin all right? Isn't it rubbed raw?
JODY	Why would your skin be rubbed raw?
KRISTINE	My boyfriend is always all over me. I'm tired of it.
JODY	I don't know why, but you don't sound like you're complaining.
KRISTINE	I am complaining. He is way too affectionate.
JODY	If I were you, I think I would like that.
KRISTINE	Oh, you wouldn't. It's too much of a bother.
JODY	Well, I guess I'll figure it out when I get a boyfriend.

STEP 3부터는 한 문장 또는 한 줄을 STEP 5까지 연습하고,
그다음 줄을 다시 STEP 3부터 STEP 5까지 연습하는 방식입니다.

rub 문지르다

rub raw (너무 문질러서) 살갗이 벗겨지다

A is all over B. A가 B를 주물럭거리다[못살게 굴다].

affectionate 애정 표현을 잘 하는, 다정한

It's too much of a bother. 너무 귀찮아.

➤ 해석

크리스틴	내 피부 아직 괜찮은 거 같니? 다 벗겨진 것 같지 않아?
조디	네 피부가 왜 벗겨져?
크리스틴	내 남자 친구가 날 얼마나 주물러 대는지. 아주 지겨워 죽겠다니까.
조디	왠지는 모르겠지만, 네가 싫어서 불평하는 것 같지가 않은데.
크리스틴	불평하는 거 맞거든. 애정 표현이 너무 심해.
조디	나 같으면, 좋을 것 같은데.
크리스틴	어머, 아마 너도 싫을걸. 얼마나 귀찮다고.
조디	글쎄, 그건 나한테 남자 친구가 생겨 봐야 알 수 있을 것 같다.

STEP 3

LISTEN AND SPEAK

한 문장 또는 한 줄을 구간 반복 재생해 놓고, 한 번 듣고
일시 정지하고 따라 말하고, 다시 듣고 일시 정지하고
따라 말하기를 익숙해질 때까지 많이 반복해 보세요.

STEP 4

SHADOWING

앞에서 연습한 문장을 구간 반복 재생해 놓고,
동시에 따라 말하기를 자연스럽게 말할 수 있을
때까지 연습해 보세요.

STEP 5

SPEAKING AND RECORDING

연습한 문장을 음원을 듣지 않고 지문도 보지 않고
혼자서 원어민과 가깝게 여러 번 말해 보세요.
그래도 잘 안 될 경우에는 자신의 말을 스마트폰으로
녹음해서 들어 보고 원어민과 최대한 비슷해질 때까지
여러 번 녹음해 보세요.

DAY

47

흙수저 앞에서
투덜대는 금수저

STEP 1

LISTENING

지문을 보지 않고 이 장의 음원 파일을 귀 기울여 들어 보세요.
보지 않고 듣기만 하면 귀가 소리에 더 집중하고,
많이 들을수록 리스닝 실력도 향상됩니다.

※곰오디오, 알송 등 구간 반복이 되는 오디오 재생 프로그램 추천

READING

다음 지문을 읽고 모르는 단어와 표현은
우측 페이지의 어휘 설명을 참고해서 해석해 보세요.

TOM   Gosh! Property taxes are killing me. It's only a 2,500-square-foot house.

ANNA   You shouldn't complain in front of me. You know I'm struggling with paying the rent each month.

TOM   But you don't have to pay property taxes.

ANNA   Paying property taxes is my dream.

TOM   What kind of a dream is paying taxes?

ANNA   People who own something would never understand.

STEP 3부터는 한 문장 또는 한 줄을 STEP 5까지 연습하고,
그다음 줄을 다시 STEP 3부터 STEP 5까지 연습하는 방식입니다.

property taxes 재산세

square foot 제곱미터

(※집 '평수'를 말할 때 주거 공간(집 자체)은 living space, 부지 전체는 lot size라고 한다. 보통은 이 대화문에서처럼 '주거 공간'만을 말한다.)

A is killing me. A 때문에 죽겠어.

I'm struggling with A. A 때문에 힘들어.

pay the rent 집세를 내다

➤ 해석

톰   내가 정말! 재산세 때문에 못살겠다. 고작 2500제곱미터(70평)짜리

        집인데 말이야.

애나   내 앞에서 불평을 하다니. 내가 매달 월세 내느라 쩔쩔매는 거 너

        뻔히 알면서.

톰   그래도 넌 재산세 낼 일은 없잖아.

애나   재산세 내 보는 게 내 소원이다.

톰   뭔 놈의 소원이 세금 내는 거냐?

애나   가진 놈들은 절대 이해 못 할 거다.

LISTEN AND SPEAK

한 문장 또는 한 줄을 구간 반복 재생해 놓고, 한 번 듣고
일시 정지하고 따라 말하고, 다시 듣고 일시 정지하고
따라 말하기를 익숙해질 때까지 많이 반복해 보세요.

STEP 4 SHADOWING

앞에서 연습한 문장을 구간 반복 재생해 놓고,
동시에 따라 말하기를 자연스럽게 말할 수 있을
때까지 연습해 보세요.

STEP 5 SPEAKING AND RECORDING

연습한 문장을 음원을 듣지 않고 지문도 보지 않고
혼자서 원어민과 가깝게 여러 번 말해 보세요.
그래도 잘 안 될 경우에는 자신의 말을 스마트폰으로
녹음해서 들어 보고 원어민과 최대한 비슷해질 때까지
여러 번 녹음해 보세요.

DAY

48

새 옷 입은 친구
알아봐 주기

STEP 1

LISTENING

지문을 보지 않고 이 장의 음원 파일을 귀 기울여 들어 보세요.
보지 않고 듣기만 하면 귀가 소리에 더 집중하고,
많이 들을수록 리스닝 실력도 향상됩니다.

※곰오디오, 알송 등 구간 반복이 되는 오디오 재생 프로그램 추천

READING

다음 지문을 읽고 모르는 단어와 표현은
우측 페이지의 어휘 설명을 참고해서 해석해 보세요.

LAURA Oh my! Look at you! You look fabulous today.

KERRY Thank you.

LAURA What a cute dress! I love the sequins on the hem.

KERRY Don't you think it's too much?

LAURA Not at all. Where did you get it?

KERRY I went shopping with my sis yesterday, and she spotted it.

LAURA Good eye! Tell her that I need her to go shopping with me, too.

KERRY Oh, she'd love it. She's a shopaholic.

STEP 3부터는 한 문장 또는 한 줄을 STEP 5까지 연습하고,
그다음 줄을 다시 STEP 3부터 STEP 5까지 연습하는 방식입니다.

fabulous 근사한, 굉장히 멋진

sequin (옷이나 가방에 장식용으로 붙은) 반짝이

hem 옷단, 치맛자락

sis 언니, 누나, 여동생 (※sister를 짧게 줄여 부르는 말)

spot ~을 찾아내다, 지목하다, 보다

good eye 예리하다, 잘도 봤다

shopaholic 쇼핑 중독자

➤ 해석

로라   세상에! 이게 누구야! 너 오늘 진짜 예쁘다.

케리   고마워.

로라   원피스 너무 예쁘네! 치맛단에 반짝이도 정말 예뻐.

케리   너무 과한 것 같지 않아?

로라   전혀. 어디서 샀어?

케리   어제 우리 언니랑 쇼핑 갔다가, 언니가 찾아냈어.

로라   안목이 좋네! 언니한테 나랑도 같이 쇼핑 가자고 전해 줘.

케리   아, 아마 엄청 좋아할걸. 우리 언니 쇼핑 중독이거든.

STEP 3

LISTEN AND SPEAK

한 문장 또는 한 줄을 구간 반복 재생해 놓고, 한 번 듣고
일시 정지하고 따라 말하고, 다시 듣고 일시 정지하고
따라 말하기를 익숙해질 때까지 많이 반복해 보세요.

STEP 4

SHADOWING

앞에서 연습한 문장을 구간 반복 재생해 놓고,
동시에 따라 말하기를 자연스럽게 말할 수 있을
때까지 연습해 보세요.

STEP 5

SPEAKING AND
RECORDING

연습한 문장을 음원을 듣지 않고 지문도 보지 않고
혼자서 원어민과 가깝게 여러 번 말해 보세요.
그래도 잘 안 될 경우에는 자신의 말을 스마트폰으로
녹음해서 들어 보고 원어민과 최대한 비슷해질 때까지
여러 번 녹음해 보세요.

DAY

49

새로 머리한 친구
알아봐 주기

LISTENING

지문을 보지 않고 이 장의 음원 파일을 귀 기울여 들어 보세요.
보지 않고 듣기만 하면 귀가 소리에 더 집중하고,
많이 들을수록 리스닝 실력도 향상됩니다.

※곰오디오, 알송 등 구간 반복이 되는 오디오 재생 프로그램 추천

READING

다음 지문을 읽고 모르는 단어와 표현은
우측 페이지의 어휘 설명을 참고해서 해석해 보세요.

FRANCIS Well, well, well. Look at you.

KERRY Can you tell?

FRANCIS Are you kidding me? You have bangs.

KERRY My sis said bangs would make me look younger, so I tried them.

FRANCIS And you got rid of the layers in the back. I like it straight across.

KERRY Thanks. This new hairdo makes me feel great.

FRANCIS That's why hair designers make tons of money.

KERRY Should I be a hair designer?

FRANCIS I wouldn't let you touch my hair, but good luck.

STEP 부터는 한 문장 또는 한 줄을 STEP 까지 연습하고,
그다음 줄을 다시 STEP 부터 STEP 까지 연습하는 방식입니다.

210

Can you tell? 티 나?, 알아보겠어?

bangs 앞머리

layer 층, 겹

straight across 일자로 쭉

tons of 억수로, 엄청 많은

➤ 해석

프랜시스   어라, 이게 누구야.

케리   티 나?

프랜시스   장난하냐? 앞머리가 생겼는데.

케리   우리 언니가 앞머리가 있으면 좀 어려 보인다고 해서, 한번 해 봤어.

프랜시스   뒷머리 층도 다 없앴네. 일자로 쭉 자른 것도 예쁘다.

케리   고마워. 헤어 스타일 바꾸니까 기분 전환도 되고 좋다.

프랜시스   그러니까 헤어 디자이너들이 돈을 많이 버는 거지.

케리   나도 헤어 디자이너 할까?

프랜시스   내 머리는 건들 생각하지 마라. 그래도 건투는 빌어 줄게.

STEP 3

LISTEN AND SPEAK

한 문장 또는 한 줄을 구간 반복 재생해 놓고, 한 번 듣고
일시 정지하고 따라 말하고, 다시 듣고 일시 정지하고
따라 말하기를 익숙해질 때까지 많이 반복해 보세요.

SHADOWING

앞에서 연습한 문장을 구간 반복 재생해 놓고,
동시에 따라 말하기를 자연스럽게 말할 수 있을
때까지 연습해 보세요.

SPEAKING AND
RECORDING

연습한 문장을 음원을 듣지 않고 지문도 보지 않고
혼자서 원어민과 가깝게 여러 번 말해 보세요.
그래도 잘 안 될 경우에는 자신의 말을 스마트폰으로
녹음해서 들어 보고 원어민과 최대한 비슷해질 때까지
여러 번 녹음해 보세요.

방학 동안
변신한 친구

STEP 1

LISTENING

지문을 보지 않고 이 장의 음원 파일을 귀 기울여 들어 보세요.
보지 않고 듣기만 하면 귀가 소리에 더 집중하고,
많이 들을수록 리스닝 실력도 향상됩니다.

※ 곰오디오, 알송 등 구간 반복이 되는 오디오 재생 프로그램 추천

READING

다음 지문을 읽고 모르는 단어와 표현은
우측 페이지의 어휘 설명을 참고해서 해석해 보세요.

ARNOLD   Sue? Is it you? I didn't recognize you.

SUE   Oh, I had double eyelid surgery. Do my eyes look natural?

ARNOLD   Yes, they do. You look fantastic.

SUE   Thanks. By the way, what have you done to yourself? You're a whole new person.

ARNOLD   I worked out through the summer break. I thought I was going to die.

SUE   What kind of workout did you do to get that body?

ARNOLD   I did 100 push-ups, 200 sit-ups, 30 pull-ups, and jogged 3 miles a day.

SUE   I don't want to hear anymore. That sounds painful.

ARNOLD   It was painful. It paid off, though.

SUE   It sure did. Boy, we both had busy summer breaks.

STEP 3부터는 한 문장 또는 한 줄을 STEP 5까지 연습하고,
그다음 줄을 다시 STEP 3부터 STEP 5까지 연습하는 방식입니다.

double eyelid surgery 쌍커풀 수술

(※미국에서는 생소한 수술이라서 이 표현을 못 알아듣는 사람이 많다. 부연 설명을 해 주면 마지못해
고개를 끄덕이며 '왜 그런 짓을?'이라는 표정을 짓는다. 그럴 땐 그냥 그런가 보다 넘어가시길.)

work out 운동하다, 해결되다

push-ups 팔 굽혀 펴기 / **sit-ups** 윗몸 일으키기 / **pull-ups** 턱걸이

It paid off. 값어치를 해., 보람이 있어.

➤ 해석

| 아놀드 | 수? 너 맞아? 못 알아보겠네. |

아놀드 　수? 너 맞아? 못 알아보겠네.

수 　아, 쌍커풀 수술했거든. 내 눈 자연스러워 보여?

아놀드 　응, 자연스러워 보여. 되게 예쁘네.

수 　고마워. 그나저나 넌 대체 뭘 한 거냐? 완전 딴사람이 됐어.

아놀드 　여름 방학 내내 운동 좀 했어. 죽는 줄 알았다.

수 　몸이 그렇게 되려면 무슨 운동을 해야 하나?

아놀드 　매일 팔 굽혀 펴기 100개, 윗몸 일으키기 200개, 턱걸이 30개 하고

　　　3마일(약 4.8 킬로미터)씩 뛰었다니까.

수 　더 듣고 싶지 않아. 듣기만 해도 괴로워.

아놀드 　정말 괴로웠어. 그래도 보람이 있으니까.

수 　진짜 그렇긴 하네. 야, 우리 둘 다 여름 방학 한번 바쁘게 보냈구나.

LISTEN AND SPEAK

한 문장 또는 한 줄을 구간 반복 재생해 놓고, 한 번 듣고
일시 정지하고 따라 말하고, 다시 듣고 일시 정지하고
따라 말하기를 익숙해질 때까지 많이 반복해 보세요.

STEP 4 SHADOWING

앞에서 연습한 문장을 구간 반복 재생해 놓고,
동시에 따라 말하기를 자연스럽게 말할 수 있을
때까지 연습해 보세요.

STEP 5 SPEAKING AND RECORDING

연습한 문장을 음원을 듣지 않고 지문도 보지 않고
혼자서 원어민과 가깝게 여러 번 말해 보세요.
그래도 잘 안 될 경우에는 자신의 말을 스마트폰으로
녹음해서 들어 보고 원어민과 최대한 비슷해질 때까지
여러 번 녹음해 보세요.

PART

6

- PART -

6

DAY

51

득템한 물건
자랑하기

STEP 1

LISTENING

지문을 보지 않고 이 장의 음원 파일을 귀 기울여 들어 보세요.
보지 않고 듣기만 하면 귀가 소리에 더 집중하고,
많이 들을수록 리스닝 실력도 향상됩니다.

※곰오디오, 알송 등 구간 반복이 되는 오디오 재생 프로그램 추천

READING

다음 지문을 읽고 모르는 단어와 표현은
우측 페이지의 어휘 설명을 참고해서 해석해 보세요.

HOLLY   Look what I have.

JERRY   Burberry! No, it can't be real Burberry.

HOLLY   Oh, yes. It's a real Burberry. I found it at a thrift
store in a rich town.

JERRY   You, smarty pants! You're lucky as well.

HOLLY   Those rich people always donate things that
they get sick of.

JERRY   So how much did you pay for it?

HOLLY   You won't believe it. Eighty bucks!

JERRY   Holy moly, guacamole! What a deal!

STEP 2 부터는 한 문장 또는 한 줄을 STEP 3 까지 연습하고,
그다음 줄을 다시 STEP 2 부터 STEP 3 까지 연습하는 방식입니다.

thrift store 기부 받은 물건들을 되파는 중고 가게

(※좋은 동네에 있는 가게일수록 좋은 물건이 많다.)

smarty pants 똑똑한 사람, 영리한 사람

Holy moly, guacamole 이런, 세상에!

(※단어 끝에 '리'를 라임화해서 만든 재밌는 표현)

What a deal! 진짜 잘 샀다!, 땡잡았다!

➤ 해석

홀리 이거 봐라.

제리 버버리네! 아니지. 진짜일리가 없지.

홀리 맞거든요. 진짜 정품 버버리거든. 부자 동네 자선 가게에서 건졌지.

제리 이런 똑똑한 것 같으니라고! 거기다 운까지 좋았네.

홀리 돈 많은 사람들은 쓰다가 싫증 나면 죄다 기부하거든.

제리 그래서 얼마 줬는데?

홀리 믿기 어려울 거다. 80달러!

제리 세상에 마상에! 완전 땡잡았네!

STEP 3 LISTEN AND SPEAK

한 문장 또는 한 줄을 구간 반복 재생해 놓고, 한 번 듣고
일시 정지하고 따라 말하고, 다시 듣고 일시 정지하고
따라 말하기를 익숙해질 때까지 많이 반복해 보세요.

STEP 4 SHADOWING

앞에서 연습한 문장을 구간 반복 재생해 놓고,
동시에 따라 말하기를 자연스럽게 말할 수 있을
때까지 연습해 보세요.

STEP 5 SPEAKING AND RECORDING

연습한 문장을 음원을 듣지 않고 지문도 보지 않고
혼자서 원어민과 가깝게 여러 번 말해 보세요.
그래도 잘 안 될 경우에는 자신의 말을 스마트폰으로
녹음해서 들어 보고 원어민과 최대한 비슷해질 때까지
여러 번 녹음해 보세요.

DAY

52

가구 조립
도와 달라고
부탁하기

STEP 1

LISTENING

지문을 보지 않고 이 장의 음원 파일을 귀 기울여 들어 보세요.
보지 않고 듣기만 하면 귀가 소리에 더 집중하고,
많이 들을수록 리스닝 실력도 향상됩니다.

※ 곰오디오, 알송 등 구간 반복이 되는 오디오 재생 프로그램 추천

READING

다음 지문을 읽고 모르는 단어와 표현은
우측 페이지의 어휘 설명을 참고해서 해석해 보세요.

LAURA Emmet, were you good with Legos when you
were young?

EMMET Well, I guess. Why are you asking about Legos?

LAURA Don't you want to be nostalgic and build
something with me this weekend?

EMMET Just get to the point. What do you need?

LAURA I ordered a bookcase at IKEA, and it'll be
delivered this Friday.

EMMET I don't think it'll take two people to put it
together. You don't need me.

LAURA I need you more than ever. Friend! Please help
me.

EMMET You're such a bother. All right.

STEP 부터는 한 문장 또는 한 줄을 STEP 까지 연습하고,
그다음 줄을 다시 STEP 부터 STEP 까지 연습하는 방식입니다.

nostalgic 추억에 젖은, 향수 어린

Get to the point. 본론만 말해.

It takes ~ people. ~ 명이 필요하다.

such a bother 골칫거리, 귀찮은 사람이나 물건

➤ 해석

로라　에메트, 너 어릴 때 레고 잘 만들었어?

에메트　뭐, 그랬던 것 같긴 한데. 근데 레고는 왜 물어보는데?

로라　이번 주말에 추억에 젖어 뭔가 만들어 보지 않으련?

에메트　그냥 본론만 말해. 필요한 게 뭐야?

로라　내가 이케아에서 책장을 주문했는데, 그게 이번 주 금요일에 배달될
　　　예정이거든.

에메트　그런 거 조립하는 데 두 사람씩이나 필요 없을 것 같은데. 나 없어도 될걸.

로라　그 어느 때보다도 네가 필요하단다. 친구! 제발 도와주시게나.

에메트　하여간 사람 귀찮게 하는 데는 도사야. 알았어.

 STEP 3

LISTEN AND SPEAK

한 문장 또는 한 줄을 구간 반복 재생해 놓고, 한 번 듣고
일시 정지하고 따라 말하고, 다시 듣고 일시 정지하고
따라 말하기를 익숙해질 때까지 많이 반복해 보세요.

STEP 4 SHADOWING

앞에서 연습한 문장을 구간 반복 재생해 놓고,
동시에 따라 말하기를 자연스럽게 말할 수 있을
때까지 연습해 보세요.

STEP 5 SPEAKING AND RECORDING

연습한 문장을 음원을 듣지 않고 지문도 보지 않고
혼자서 원어민과 가깝게 여러 번 말해 보세요.
그래도 잘 안 될 경우에는 자신의 말을 스마트폰으로
녹음해서 들어 보고 원어민과 최대한 비슷해질 때까지
여러 번 녹음해 보세요.

DAY

53

강아지
돌봐 달라고
부탁하기

STEP 1

LISTENING

지문을 보지 않고 이 장의 음원 파일을 귀 기울여 들어 보세요.
보지 않고 듣기만 하면 귀가 소리에 더 집중하고,
많이 들을수록 리스닝 실력도 향상됩니다.

※곰오디오, 알송 등 구간 반복이 되는 오디오 재생 프로그램 추천

READING

다음 지문을 읽고 모르는 단어와 표현은
우측 페이지의 어휘 설명을 참고해서 해석해 보세요.

JODY   Are you going to be in town all next week?

BRADY Next week? Yeah. Why?

JODY   I'll be out of town for five days and I need
       someone to take care of my dog.

BRADY What about the boarding kennel you always use?

JODY   They raised their rates, and now it's 40 bucks a
       night.

BRADY Holy crap! Why is it so expensive?

JODY   You think 40 bucks is expensive? Other places
       charge 50 a night.

BRADY That's ridiculous! I'll help. Bring her over the
       day before you leave.

JODY   Thank you. You saved my paycheck.

STEP 3부터는 한 문장 또는 한 줄을 STEP 5까지 연습하고,
그다음 줄을 다시 STEP 3부터 STEP 5까지 연습하는 방식입니다.

be in town 어디 안 가고 있을 거다

be out of town 좀 멀리 다녀올 일이 있다

boarding kennel (주인이 휴가 등을 갈 때) 개를 맡기는 곳

bucks 달러(비격식)

You save ~. 네 덕에 ~를 아꼈어.

paycheck 월급 (※미국 내 대부분의 직장에서는 2주에 한 번씩 급여를 받는다.)

➤ 해석

조디　너 다음 주 내내 어디 안 가?

브래디　다음 주? 안 가는데. 왜?

조디　다음 주에 5일 정도 집을 비우는데 개를 돌봐 줄 사람이 필요해서.

브래디　너 항상 이용하던 애견 호텔은?

조디　걔네가 요금을 올려서, 이제 하룻밤에 40달러야.

브래디　세상에! 뭐가 그렇게 비싸?

조디　40달러가 비싸다고 생각하냐? 다른 데는 50달러 달라고 해.

브래디　말도 안 돼! 내가 봐줄게. 너 떠나기 전날 데리고 와.

조디　고마워. 네 덕에 월급 축내지 않아도 되겠다.

STEP 3

LISTEN AND SPEAK

한 문장 또는 한 줄을 구간 반복 재생해 놓고, 한 번 듣고
일시 정지하고 따라 말하고, 다시 듣고 일시 정지하고
따라 말하기를 익숙해질 때까지 많이 반복해 보세요.

STEP 4 · SHADOWING

앞에서 연습한 문장을 구간 반복 재생해 놓고,
동시에 따라 말하기를 자연스럽게 말할 수 있을
때까지 연습해 보세요.

STEP 5 · SPEAKING AND RECORDING

연습한 문장을 음원을 듣지 않고 지문도 보지 않고
혼자서 원어민과 가깝게 여러 번 말해 보세요.
그래도 잘 안 될 경우에는 자신의 말을 스마트폰으로
녹음해서 들어 보고 원어민과 최대한 비슷해질 때까지
여러 번 녹음해 보세요.

취업한 친구
축하하기

STEP 1

LISTENING

지문을 보지 않고 이 장의 음원 파일을 귀 기울여 들어 보세요.
보지 않고 듣기만 하면 귀가 소리에 더 집중하고,
많이 들을수록 리스닝 실력도 향상됩니다.

※곰오디오, 알송 등 구간 반복이 되는 오디오 재생 프로그램 추천

STEP 2

READING

다음 지문을 읽고 모르는 단어와 표현은
우측 페이지의 어휘 설명을 참고해서 해석해 보세요.

HELEN   Here comes the Google man!

LARRY   Don't be so loud.

HELEN   I bet you want someone to yell it from the
rooftops.

LARRY   Hey, I just got the job. I haven't even started, yet.

HELEN   You sound so modest, but you can't hide your
smile, can you?

LARRY   You know how much I wanted a job at Google.

HELEN   Now you're a Google man, and a Google man
makes better money than Superman.

LARRY   I still can't believe I actually got the job.

HELEN   Congratulations, Google man!

STEP 3부터는 한 문장 또는 한 줄을 STEP 5까지 연습하고,
그다음 줄을 다시 STEP 3부터 STEP 5까지 연습하는 방식입니다.

Google man 구글 직원

rooftop 지붕 꼭대기

modest 겸손한, 수수한

make better money 수입이 더 낫다

➤ 해석

헬렌   구글맨 납시오!

래리   너무 시끄럽게 그러지 마.

헬렌   누가 이 소식을 동네방네 떠들고 다녀 줬으면 하는 거 다 알아.

래리   야, 이제 막 취직했어. 아직 일을 시작한 것도 아니고.

헬렌   말은 참 겸손하게 들린다만, 웃음이 나는 건 감출 수 없나 보구나, 그치?

래리   내가 얼마나 구글에서 일하고 싶어 했는지 너도 잘 알잖아.

헬렌   너도 이제 슈퍼맨보다도 돈을 더 잘 번다는 구글맨이 됐구나.

래리   내가 진짜 구글에서 일하게 됐다는 게 아직도 믿기지가 않아.

헬렌   축하한다, 구글맨!

LISTEN AND SPEAK

한 문장 또는 한 줄을 구간 반복 재생해 놓고, 한 번 듣고
일시 정지하고 따라 말하고, 다시 듣고 일시 정지하고
따라 말하기를 익숙해질 때까지 많이 반복해 보세요.

STEP 4 — SHADOWING

앞에서 연습한 문장을 구간 반복 재생해 놓고,
동시에 따라 말하기를 자연스럽게 말할 수 있을
때까지 연습해 보세요.

STEP 5 — SPEAKING AND RECORDING

연습한 문장을 음원을 듣지 않고 지문도 보지 않고
혼자서 원어민과 가깝게 여러 번 말해 보세요.
그래도 잘 안 될 경우에는 자신의 말을 스마트폰으로
녹음해서 들어 보고 원어민과 최대한 비슷해질 때까지
여러 번 녹음해 보세요.

55

시험에 떨어진 친구 위로하기

LISTENING

지문을 보지 않고 이 장의 음원 파일을 귀 기울여 들어 보세요.
보지 않고 듣기만 하면 귀가 소리에 더 집중하고,
많이 들을수록 리스닝 실력도 향상됩니다.

※곰오디오, 알송 등 구간 반복이 되는 오디오 재생 프로그램 추천

READING

다음 지문을 읽고 모르는 단어와 표현은
우측 페이지의 어휘 설명을 참고해서 해석해 보세요.

WAYNE Keep your chin up. There's always next time.

DOROTHY This is the third time I failed the test. There's no next time.

WAYNE Getting a government job is not the only answer.

DOROTHY I only know one thing. Government work!

WAYNE Maybe it's not meant to be. There must be something else.

DOROTHY Maybe you're right. Maybe I'm not meant for this.

WAYNE You're smart and passionate. You can do anything.

DOROTHY I guess I'm passionate, but not that smart. Otherwise, I would've passed the test.

WAYNE Things don't work out sometimes. Get up. Let me buy you a drink.

STEP 2 부터는 한 문장 또는 한 줄을 STEP 5까지 연습하고,
그다음 줄을 다시 STEP 2 부터 STEP 5 까지 연습하는 방식입니다.

Keep your chin up. 기운 내., 고개 들어.

(※짧게 Chin up.이라고도 함.)

There's always next time. 다음에 잘하면 돼., 기회는 또 있어.

government job 공무원 직업

It's not meant to be. 안 될 일이야., 너랑은 인연이 없는 일이야.

Things don't work out. 일이 잘 안 풀려.

➤ 해석

웨인   기운 내. 기회는 또 있어.

도로시   시험에 떨어진 게 이번이 세번 째야. 다음 기회는 없어.

웨인   공무원만이 답은 아니잖아.

도로시   내가 아는 거라고는 오직 하나, 공무원밖에 없단 말이야!

웨인   그게 네 길이 아닌지도 모르지. 분명히 다른 길이 있을 거야.

도로시   네 말이 맞을 수도 있겠다. 이게 내 길이 아니었는지도 모르겠어.

웨인   똑똑하겠다, 열정적이겠다, 넌 뭐든 잘할 수 있어.

도로시   열정만 있지, 그다지 똑똑하진 않은 것 같아. 똑똑했으면 벌써 붙었겠지.

웨안   가끔 그렇게 일이 잘 안 풀릴 때가 있어. 일어나. 내가 한잔 살게.

LISTEN AND SPEAK

한 문장 또는 한 줄을 구간 반복 재생해 놓고, 한 번 듣고
일시 정지하고 따라 말하고, 다시 듣고 일시 정지하고
따라 말하기를 익숙해질 때까지 많이 반복해 보세요.

STEP 4

SHADOWING

앞에서 연습한 문장을 구간 반복 재생해 놓고,
동시에 따라 말하기를 자연스럽게 말할 수 있을
때까지 연습해 보세요.

STEP 5

SPEAKING AND
RECORDING

연습한 문장을 음원을 듣지 않고 지문도 보지 않고
혼자서 원어민과 가깝게 여러 번 말해 보세요.
그래도 잘 안 될 경우에는 자신의 말을 스마트폰으로
녹음해서 들어 보고 원어민과 최대한 비슷해질 때까지
여러 번 녹음해 보세요.

남자 친구
없을 때만
연락하는 친구

STEP 1

LISTENING

지문을 보지 않고 이 장의 음원 파일을 귀 기울여 들어 보세요.
보지 않고 듣기만 하면 귀가 소리에 더 집중하고,
많이 들을수록 리스닝 실력도 향상됩니다.

※곰오디오, 알송 등 구간 반복이 되는 오디오 재생 프로그램 추천

READING

다음 지문을 읽고 모르는 단어와 표현은
우측 페이지의 어휘 설명을 참고해서 해석해 보세요.

THELMA   Hey, long time no talk. How have you been?

LOUISE   Good. I know you broke up with your boyfriend.

THELMA   Did you already hear that? Wow! Word travels fast!

LOUISE   No, I just know you'd never call if you still had a boyfriend.

THELMA   You know what it's like to be in a relationship. It keeps you busy.

LOUISE   I know. But still you can call your friend sometimes and ask how she's doing.

THELMA   I thought I called you a couple of times. Maybe once?

LOUISE   None! Zero! Nothing since you started seeing your new boyfriend.

THELMA   I'm sorry. I didn't know you would be upset.

LOUISE   Sincerity between friends is what friendship is all about.

STEP 3부터는 한 문장 또는 한 줄을 STEP 5까지 연습하고,
그다음 줄을 다시 STEP 3부터 STEP 5까지 연습하는 방식입니다.

Long time no talk. 오랜만에 목소리 듣네.

break up with ~와 헤어지다

Word travels fast. 소문 참 빠르다., 발 없는 말이 천리 간다.

be in a relationship 사귀는 중이다

A keeps me busy. A 때문에 바빠.

sincerity 진정성

➤ 해석

델마   안녕, 오랜만에 목소리 듣네. 어떻게 지냈어?

루이스   잘 지냈지. 너, 남자 친구랑 헤어진 거 알아.

델마   벌써 들었어? 와! 소문 참 빠르네!

루이스   아니, 네가 지금도 남자 친구랑 사귀고 있다면 절대로 전화할 사람이 아니라서 안 것뿐이야.

델마   남자 친구가 있으면 어떤지 너도 잘 알잖아. 늘 바쁘다니까.

루이스   알지. 그래도 가끔은 친구한테 전화해서 안부는 물을 수 있지.

델마   내가 몇 번 전화한 것 같은데. 한 번이었던가?

루이스   전혀! 단 한 번도! 너한테 새 남자 친구가 생긴 후로는 한 통도 없었어.

델마   미안해. 네가 화낼 줄 몰랐어.

루이스   친구 사이에 진정성이 있어야지.

STEP 3

LISTEN AND SPEAK

한 문장 또는 한 줄을 구간 반복 재생해 놓고, 한 번 듣고
일시 정지하고 따라 말하고, 다시 듣고 일시 정지하고
따라 말하기를 익숙해질 때까지 많이 반복해 보세요.

STEP 4

SHADOWING

앞에서 연습한 문장을 구간 반복 재생해 놓고,
동시에 따라 말하기를 자연스럽게 말할 수 있을
때까지 연습해 보세요.

STEP 5

SPEAKING AND RECORDING

연습한 문장을 음원을 듣지 않고 지문도 보지 않고
혼자서 원어민과 가깝게 여러 번 말해 보세요.
그래도 잘 안 될 경우에는 자신의 말을 스마트폰으로
녹음해서 들어 보고 원어민과 최대한 비슷해질 때까지
여러 번 녹음해 보세요.

뭔가 필요할 때만
연락하는 친구

STEP 1

LISTENING

지문을 보지 않고 이 장의 음원 파일을 귀 기울여 들어 보세요.
보지 않고 듣기만 하면 귀가 소리에 더 집중하고,
많이 들을수록 리스닝 실력도 향상됩니다.

※ 곰오디오, 알송 등 구간 반복이 되는 오디오 재생 프로그램 추천

STEP 2

READING

다음 지문을 읽고 모르는 단어와 표현은
우측 페이지의 어휘 설명을 참고해서 해석해 보세요.

EVAN   Hello?

TED   Hey, my friend! How's it going?

EVAN   I'm sorry, but you've got the wrong number.

TED   Stop joking around. You know it's me.

EVAN   What do you want from me now?

TED   I'm applying for a new job, and I need a referral.
Would you write a good one for me, friend?

EVAN   I guess I can write that you only call your friend
when you need something from him.

TED   That's enough. Stop joking and write me a good
referral, OK?

EVAN   I don't know, dude. I've got to be honest.

STEP 3 부터는 한 문장 또는 한 줄을 STEP 5 까지 연습하고,
그다음 줄을 다시 STEP 3 부터 STEP 5 까지 연습하는 방식입니다.

You've got the wrong number. 전화 잘못 거셨습니다.

joke around 농담을 해대다

apply for ~에 지원하다

referral 추천, 추천서

That's enough. 이제 됐어., 그만 좀 해.

➤ 해석

에번   여보세요?

테드   어이, 친구! 어떻게 지내?

에번   죄송하지만, 전화 잘못 거셨습니다.

테드   농담 그만해. 나라는 거 다 알면서.

에번   나한테 또 뭘 원하는데?

테드   새 직장에 원서를 냈는데, 추천서가 필요해서 말이야.

        친구야, 잘 좀 써 주면 안 되겠니?

에번   필요할 때만 친구한테 전화하는 사람이라고 쓰면 되겠네.

테드   됐어. 농담 그만하고 추천서 좀 잘 써 주라, 알았지?

에번   글쎄다, 친구야. 거짓말하면 안 돼서 말이야.

STEP 3 LISTEN AND SPEAK

한 문장 또는 한 줄을 구간 반복 재생해 놓고, 한 번 듣고
일시 정지하고 따라 말하고, 다시 듣고 일시 정지하고
따라 말하기를 익숙해질 때까지 많이 반복해 보세요.

STEP 4 SHADOWING

앞에서 연습한 문장을 구간 반복 재생해 놓고,
동시에 따라 말하기를 자연스럽게 말할 수 있을
때까지 연습해 보세요.

STEP 5 SPEAKING AND RECORDING

연습한 문장을 음원을 듣지 않고 지문도 보지 않고
혼자서 원어민과 가깝게 여러 번 말해 보세요.
그래도 잘 안 될 경우에는 자신의 말을 스마트폰으로
녹음해서 들어 보고 원어민과 최대한 비슷해질 때까지
여러 번 녹음해 보세요.

DAY

58

과소비하는
친구

LISTENING

지문을 보지 않고 이 장의 음원 파일을 귀 기울여 들어 보세요.
보지 않고 듣기만 하면 귀가 소리에 더 집중하고,
많이 들을수록 리스닝 실력도 향상됩니다.

※ 곰오디오, 알송 등 구간 반복이 되는 오디오 재생 프로그램 추천

READING

다음 지문을 읽고 모르는 단어와 표현은
우측 페이지의 어휘 설명을 참고해서 해석해 보세요.

TINA	Ben, I'm going to a Tesla dealership this afternoon. Do you want to come?
BEN	Are you buying a Tesla?
TINA	Uh-huh. I'm still debating the colors, though. White, or navy blue? What do you think?
BEN	Tina, didn't you buy a brand new BMW last year?
TINA	Yeah, but I want a Tesla now. They're so cool! The doors open upward.
BEN	I know Teslas are cool, but the idea of spending your money like this is a bad idea.
TINA	I make a decent salary. Why can't I get what I want?
BEN	You're not supposed to spend more money than you make. Think straight!

STEP 3부터는 한 문장 또는 한 줄을 STEP 5까지 연습하고,
그다음 줄을 다시 STEP 3부터 STEP 5까지 연습하는 방식입니다.

➤ 어휘

dealership 대리점, 특약점

debate 토론하다, 이럴지 저럴지 생각 중이다

Think straight. 생각 제대로 잘 해., 결정 잘 내려.

➤ 해석

티나   벤, 오늘 오후에 테슬라 매장에 갈 건데, 같이 갈래?

벤   테슬라 사려고?

티나   응. 아직 색깔 때문에 고민 중이긴 하지만 말이야. 흰색, 아니면 군청색? 어떤 게 나을까?

벤   티나, 작년에 BMW 새 차 뽑지 않았냐?

티나   그랬지. 근데 지금은 테슬라가 갖고 싶어. 너무 근사해! 문도 위로 열리고 말이지.

벤   테슬라가 좋은 건 알겠는데, 돈을 이렇게 쓰는 건 좋지 않아.

티나   돈도 꽤 버는데, 내가 왜 갖고 싶은 것도 못 사냐?

벤   버는 것보다 쓰는 게 더 많아선 안 된다는 말이야. 생각 좀 제대로 하라고!

 STEP 3 # LISTEN AND SPEAK

한 문장 또는 한 줄을 구간 반복 재생해 놓고, 한 번 듣고
일시 정지하고 따라 말하고, 다시 듣고 일시 정지하고
따라 말하기를 익숙해질 때까지 많이 반복해 보세요.

STEP 4 SHADOWING

앞에서 연습한 문장을 구간 반복 재생해 놓고,
동시에 따라 말하기를 자연스럽게 말할 수 있을
때까지 연습해 보세요.

STEP 5 SPEAKING AND RECORDING

연습한 문장을 음원을 듣지 않고 지문도 보지 않고
혼자서 원어민과 가깝게 여러 번 말해 보세요.
그래도 잘 안 될 경우에는 자신의 말을 스마트폰으로
녹음해서 들어 보고 원어민과 최대한 비슷해질 때까지
여러 번 녹음해 보세요.

DAY

59

돈 안 갚는
친구

STEP 1

LISTENING

지문을 보지 않고 이 장의 음원 파일을 귀 기울여 들어 보세요.
보지 않고 듣기만 하면 귀가 소리에 더 집중하고,
많이 들을수록 리스닝 실력도 향상됩니다.

※ 곰오디오, 알송 등 구간 반복이 되는 오디오 재생 프로그램 추천

READING

다음 지문을 읽고 모르는 단어와 표현은
우측 페이지의 어휘 설명을 참고해서 해석해 보세요.

SANDY   Are you forgetting something?

DON   Me? I don't think so.

SANDY   It's a little uncomfortable to bring up, but I need my money.

DON   What money? Oh, that! I'll pay you back soon.

SANDY   It's been more than two months now. When can you pay me back?

DON   Maybe after my next paycheck?

SANDY   I'm sorry, but I can't wait that long.

DON   Just be patient. Two weeks go by fast.

SANDY   I guess I'll call your dad and tell him what you've been up to.

DON   Wait! I think I can pay you back today.

STEP 3부터는 한 문장 또는 한 줄을 STEP 5까지 연습하고,
그다음 줄을 다시 STEP 3부터 STEP 5까지 연습하는 방식입니다.

bring up 말을 꺼내다

pay someone back '누구'에게 돈을[원수를] 갚다

Be patient. 기다려., 인내심을 가져.

go by fast (시간이) 빨리 지나가다

what someone has been up to '누가' 어떻게 지내는지

➤ 해석

샌디   뭐 잊은 거 없니?

돈   내가? 없는 것 같은데.

샌디   이런 말 꺼내기 좀 불편하긴 한데, 내 돈을 돌려줬으면 해서.

돈   무슨 돈? 아, 그거! 곧 갚을게.

샌디   벌써 두 달도 더 됐어. 언제 갚을 수 있는데?

돈   아마 다음 달 월급 받고 나서?

샌디   미안하지만, 그렇게 오래는 못 기다릴 것 같은데.

돈   좀 기다려. 2주 금방 가.

샌디   아무래도 너희 아버지께 전화해서 네가 뭘 하고 다니는지 말씀드려야
      할까 보다.

돈   잠깐! 오늘 바로 갚을 수 있을 것 같아.

STEP 3 LISTEN AND SPEAK

한 문장 또는 한 줄을 구간 반복 재생해 놓고, 한 번 듣고
일시 정지하고 따라 말하고, 다시 듣고 일시 정지하고
따라 말하기를 익숙해질 때까지 많이 반복해 보세요.

SHADOWING

앞에서 연습한 문장을 구간 반복 재생해 놓고,
동시에 따라 말하기를 자연스럽게 말할 수 있을
때까지 연습해 보세요.

SPEAKING AND RECORDING

연습한 문장을 음원을 듣지 않고 지문도 보지 않고
혼자서 원어민과 가깝게 여러 번 말해 보세요.
그래도 잘 안 될 경우에는 자신의 말을 스마트폰으로
녹음해서 들어 보고 원어민과 최대한 비슷해질 때까지
여러 번 녹음해 보세요.

60

다이어트 약으로
살 빼려는 친구

STEP 1

LISTENING

지문을 보지 않고 이 장의 음원 파일을 귀 기울여 들어 보세요.
보지 않고 듣기만 하면 귀가 소리에 더 집중하고,
많이 들을수록 리스닝 실력도 향상됩니다.

※ 곰오디오, 알송 등 구간 반복이 되는 오디오 재생 프로그램 추천

READING

다음 지문을 읽고 모르는 단어와 표현은
우측 페이지의 어휘 설명을 참고해서 해석해 보세요.

ROCKY Did you get your steps in today?

CINDY No, I didn't. I'm going on diet pills again
tomorrow.

ROCKY Those pills never work. You've already failed to
lose weight several times taking them.

CINDY I'll give it another try. I just can't work out every
day.

ROCKY You don't need to work out every day. Three
days a week is all you need.

CINDY Look at me. That can't be enough.

ROCKY Consistency is what it takes.

CINDY I'll consistently take the pills.

ROCKY Please don't do that to yourself. It's not healthy
at all.

STEP 3 부터는 한 문장 또는 한 줄을 STEP 까지 연습하고,
그다음 줄을 다시 STEP 3 부터 STEP 5 까지 연습하는 방식입니다.

steps in 걷기 운동 (※만보 걷기도 해당됨.)

be on A pills A 약을 복용 중이다

lose weight 살을 빼다

Give it another try. 다시 시도해 봐.

consistency 꾸준함

what it takes (성공 등을 얻는 데 필요한) 조건

Don't do that to yourself. (너 자신에게) 그러지 마.

➤ 해석

록키   오늘 많이 걸었어?

신디   아니. 내일부터 다시 다이어트 약 먹으려고.

록키   그런 약은 효과가 없어. 약 먹으면서 살 빼는 거 너도 벌써 몇 번이나
        실패했잖아.

신디   한 번만 더 해 보게. 매일 운동하는 건 못 하겠어.

록키   매일 할 필요 없어. 일주일에 3일 이상만 하면 돼.

신디   날 봐라. 그거 가지고는 안 돼.

록키   꾸준히 하는 게 필요해.

신디   꾸준히 약을 먹을게.

록키   네 몸 생각해서라도 그러지 마. 그게 건강에 얼마나 안 좋은데.

STEP 3 LISTEN AND SPEAK

한 문장 또는 한 줄을 구간 반복 재생해 놓고, 한 번 듣고
일시 정지하고 따라 말하고, 다시 듣고 일시 정지하고
따라 말하기를 익숙해질 때까지 많이 반복해 보세요.

SHADOWING

앞에서 연습한 문장을 구간 반복 재생해 놓고,
동시에 따라 말하기를 자연스럽게 말할 수 있을
때까지 연습해 보세요.

SPEAKING AND RECORDING

연습한 문장을 음원을 듣지 않고 지문도 보지 않고
혼자서 원어민과 가깝게 여러 번 말해 보세요.
그래도 잘 안 될 경우에는 자신의 말을 스마트폰으로
녹음해서 들어 보고 원어민과 최대한 비슷해질 때까지
여러 번 녹음해 보세요.

7

- PART -

7

DAY

61

마른 게 고민인 사람

STEP 1

LISTENING

지문을 보지 않고 이 장의 음원 파일을 귀 기울여 들어 보세요.
보지 않고 듣기만 하면 귀가 소리에 더 집중하고,
많이 들을수록 리스닝 실력도 향상됩니다.

※곰오디오, 알송 등 구간 반복이 되는 오디오 재생 프로그램 추천

다음 지문을 읽고 모르는 단어와 표현은
우측 페이지의 어휘 설명을 참고해서 해석해 보세요.

SAM	Excuse me. Can I have the menu back, please?
MELISA	Are you getting another dish?
SAM	Yeah, my goal is gaining 12 pounds.
MELISA	You've been trying to put some weight on for... how long now?
SAM	I know. I hate looking like a chopstick.
MELISA	I totally don't understand your body. I wish I were you.
SAM	Can we swap bodies somehow? That'll make both of us happy.
MELISA	I guess Mother Nature wants you to be slim, but not me.

부터는 한 문장 또는 한 줄을   까지 연습하고,
그다음 줄을 다시   부터   까지 연습하는 방식입니다.

get another dish 음식을 또 시키다, 한 그릇 더 먹다

put some weight on 살을 찌우다

I wish I were you. 내가 너였으면 좋겠다.

swap 바꾸다

Mother Nature 창조주, 대자연의 어머니

➤ 해석

샘	여기요. 메뉴 좀 다시 주시겠어요?
멜리사	또 시키게?
샘	응. 12파운드(약 5.4 kg) 더 찌는 게 내 목표야.
멜리사	너 살 찌겠다고 노력한 지가… 대체 얼마나 오래된 거야?
샘	그러니까 말이다. 젓가락처럼 삐쩍 마른 거 진짜 싫은데.
멜리사	네 몸은 정말 알다가도 모르겠다. 내가 너라면 얼마나 좋겠니.
샘	너랑 나랑 어떻게 몸을 바꿀 수는 없나? 그러면 우리 둘 다 행복할 텐데.
멜리사	아무래도 창조주께서는 나 말고 네가 날씬하길 바라시나 보다.

STEP 3

LISTEN AND SPEAK

한 문장 또는 한 줄을 구간 반복 재생해 놓고, 한 번 듣고
일시 정지하고 따라 말하고, 다시 듣고 일시 정지하고
따라 말하기를 익숙해질 때까지 많이 반복해 보세요.

STEP 4
SHADOWING

앞에서 연습한 문장을 구간 반복 재생해 놓고,
동시에 따라 말하기를 자연스럽게 말할 수 있을
때까지 연습해 보세요.

STEP 5
SPEAKING AND
RECORDING

연습한 문장을 음원을 듣지 않고 지문도 보지 않고
혼자서 원어민과 가깝게 여러 번 말해 보세요.
그래도 잘 안 될 경우에는 자신의 말을 스마트폰으로
녹음해서 들어 보고 원어민과 최대한 비슷해질 때까지
여러 번 녹음해 보세요.

요행만 바라는
친구

STEP 1

LISTENING

지문을 보지 않고 이 장의 음원 파일을 귀 기울여 들어 보세요.
보지 않고 듣기만 하면 귀가 소리에 더 집중하고,
많이 들을수록 리스닝 실력도 향상됩니다.

※곰오디오, 알송 등 구간 반복이 되는 오디오 재생 프로그램 추천

READING

다음 지문을 읽고 모르는 단어와 표현은
우측 페이지의 어휘 설명을 참고해서 해석해 보세요.

LUKE	Man, I didn't win anything this time.
SARAH	How many lottery tickets are you buying every week? What a waste of money!
LUKE	It's not a waste. Once I win, it'll all pay off.
SARAH	The problem is you have zero chance to win.
LUKE	No, someone always wins. And I can be that someone someday.
SARAH	You're dreaming, Luke. Seriously, you need to go out and get a job.
LUKE	You just wait and see. Someday, you'll be so honored to be my friend.
SARAH	That someday will never come. Be realistic.

STEP 3부터는 한 문장 또는 한 줄을 STEP 5까지 연습하고,
그다음 줄을 다시 STEP 3부터 STEP 5까지 연습하는 방식입니다.

didn't win anything 아무것도 못 탔다

It will pay off. 결실을 맺을 거야., 헛되지 않을 거야.

You are dreaming. 꿈꾸고 있네. 망상이야. 현실 가능성 없는 얘기야.

get a job 일거리를 잡다, 직장을 얻다

wait and see 두고 보다

Be realistic. 현실적으로 생각해.

➤ 해석

루크   이런, 이번엔 하나도 당첨이 안 됐네.

세라   복권을 매주 몇 장씩이나 사는 거야? 이게 웬 돈 낭비!

루크   낭비가 아니니라. 한 번만 당첨되면, 다 만회할 수 있느니라.

세라   문제는 네가 당첨될 확률이 제로라는 거지.

루크   아니, 항상 누군가는 당첨돼. 그리고 언젠가는 그게 내가 될 수도 있어.

세라   그게 다 망상이란다, 루크. 진지하게 말하는데, 제발 나가서 일자리나
      알아봐.

루크   넌 그냥 가만히 앉아서 보고만 있어. 언젠가는 내가 네 친구라는 게
      영광스럽게 느껴질 날이 올 것이니라.

세라   그 언젠가는 절대로 오지 않아. 현실적으로 좀 생각해.

STEP 3 LISTEN AND SPEAK

한 문장 또는 한 줄을 구간 반복 재생해 놓고, 한 번 듣고
일시 정지하고 따라 말하고, 다시 듣고 일시 정지하고
따라 말하기를 익숙해질 때까지 많이 반복해 보세요.

STEP 4

SHADOWING

앞에서 연습한 문장을 구간 반복 재생해 놓고,
동시에 따라 말하기를 자연스럽게 말할 수 있을
때까지 연습해 보세요.

STEP 5

SPEAKING AND
RECORDING

연습한 문장을 음원을 듣지 않고 지문도 보지 않고
혼자서 원어민과 가깝게 여러 번 말해 보세요.
그래도 잘 안 될 경우에는 자신의 말을 스마트폰으로
녹음해서 들어 보고 원어민과 최대한 비슷해질 때까지
여러 번 녹음해 보세요.

DAY

63

눈이 높은
노처녀 친구

STEP 1

LISTENING

지문을 보지 않고 이 장의 음원 파일을 귀 기울여 들어 보세요.
보지 않고 듣기만 하면 귀가 소리에 더 집중하고,
많이 들을수록 리스닝 실력도 향상됩니다.
※ 곰오디오, 알송 등 구간 반복이 되는 오디오 재생 프로그램 추천

STEP 2

READING

다음 지문을 읽고 모르는 단어와 표현은
우측 페이지의 어휘 설명을 참고해서 해석해 보세요.

RON   There's a new guy at our office, and he seems really nice. Do you want to see him?

AUDREY   Is he good looking? How much does he make? Does he own a house?

RON   Are you still judging men by those scales? You're almost 40.

AUDREY   I'm not going to settle for less because of my age. Standards are important.

RON   I agree, but personality matters more than money.

AUDREY   If I thought that way, I would have married 20 years ago.

RON   I guess you'll never change.

AUDREY   Nope. And I won't change my standards in choosing my future husband.

RON   Good luck!

STEP 부터는 한 문장 또는 한 줄을   까지 연습하고,
그다음 줄을 다시   부터   까지 연습하는 방식입니다.

judge ~를 판단하다

scale 저울, 저울질, 판단

settle for ~로 만족하다

standards 기준, 표준

future husband 미래의 남편

➤ 해석

론   우리 사무실에 남자 직원이 새로 들어왔는데, 사람 참 괜찮아 보이더라.

　　　한번 만나 볼래?

오드리   잘생겼어? 수입은 어때? 집은 있고?

론   아직도 남자 볼 때 그런 걸 보니? 너 이제 곧 마흔이야.

오드리   나이 때문에 눈을 낮출 순 없지. 조건이 얼마나 중요한데.

론   그건 그런데, 그래도 재산보다는 사람 성격이 더 중요하지.

오드리   그런 생각이었으면, 내가 20년 전에 결혼했지.

론   사람은 안 바뀌나 보다.

오드리   안 바뀌지. 그리고 내 남편 될 사람 고르는 기준도 안 바뀔 거고.

론   잘해 봐라!

LISTEN AND SPEAK

한 문장 또는 한 줄을 구간 반복 재생해 놓고, 한 번 듣고
일시 정지하고 따라 말하고, 다시 듣고 일시 정지하고
따라 말하기를 익숙해질 때까지 많이 반복해 보세요.

STEP 4

SHADOWING

앞에서 연습한 문장을 구간 반복 재생해 놓고,
동시에 따라 말하기를 자연스럽게 말할 수 있을
때까지 연습해 보세요.

STEP 5

SPEAKING AND
RECORDING

연습한 문장을 음원을 듣지 않고 지문도 보지 않고
혼자서 원어민과 가깝게 여러 번 말해 보세요.
그래도 잘 안 될 경우에는 자신의 말을 스마트폰으로
녹음해서 들어 보고 원어민과 최대한 비슷해질 때까지
여러 번 녹음해 보세요.

회사 병가 내기

STEP 1

LISTENING

지문을 보지 않고 이 장의 음원 파일을 귀 기울여 들어 보세요.
보지 않고 듣기만 하면 귀가 소리에 더 집중하고,
많이 들을수록 리스닝 실력도 향상됩니다.

※곰오디오, 알송 등 구간 반복이 되는 오디오 재생 프로그램 추천

READING

다음 지문을 읽고 모르는 단어와 표현은
우측 페이지의 어휘 설명을 참고해서 해석해 보세요.

EMPLOYEE	Hello, Jenna. This is Jack, and I'm calling in sick.
BOSS	Oh, what's going on?
EMPLOYEE	I think I'm coming down with a cold.
BOSS	I'm sorry to hear that. Don't think about coming in to work today. Get some rest.
EMPLOYEE	Thank you. I'll be there tomorrow.
BOSS	Hopefully. Take care of yourself and get well soon.

부터는 한 문장 또는 한 줄을 　　까지 연습하고,
그다음 줄을 다시 　　부터 　　까지 연습하는 방식입니다.

call in sick 병가를 내다

come down with a cold 감기에 걸리다

Get some rest. 좀 쉬어.

Get well soon. 빨리 나아.

➤ 해석

직원   안녕하세요, 제나. 저 잭인데요, 아파서 일을 못 갈 것 같습니다.

상사   아, 어디가 아픈 거예요?

직원   아무래도 감기에 걸린 것 같아요.

상사   이걸 어쩌나. 오늘은 일 생각하지 말고, 좀 쉬어요.

직원   감사합니다. 내일은 꼭 나갈게요.

상사   그럼 좋겠네요. 몸 잘 챙기고 빨리 나아요.

STEP 3

LISTEN AND SPEAK

한 문장 또는 한 줄을 구간 반복 재생해 놓고, 한 번 듣고
일시 정지하고 따라 말하고, 다시 듣고 일시 정지하고
따라 말하기를 익숙해질 때까지 많이 반복해 보세요.

STEP 4 SHADOWING

앞에서 연습한 문장을 구간 반복 재생해 놓고,
동시에 따라 말하기를 자연스럽게 말할 수 있을
때까지 연습해 보세요.

STEP 5 SPEAKING AND RECORDING

연습한 문장을 음원을 듣지 않고 지문도 보지 않고
혼자서 원어민과 가깝게 여러 번 말해 보세요.
그래도 잘 안 될 경우에는 자신의 말을 스마트폰으로
녹음해서 들어 보고 원어민과 최대한 비슷해질 때까지
여러 번 녹음해 보세요.

DAY

65

꾸중 들은 동료
격려하기

STEP 1

LISTENING

지문을 보지 않고 이 장의 음원 파일을 귀 기울여 들어 보세요.
보지 않고 듣기만 하면 귀가 소리에 더 집중하고,
많이 들을수록 리스닝 실력도 향상됩니다.

※ 곰오디오, 알송 등 구간 반복이 되는 오디오 재생 프로그램 추천

READING

다음 지문을 읽고 모르는 단어와 표현은
우측 페이지의 어휘 설명을 참고해서 해석해 보세요.

ANNA Are you all right?

BOB No, I'm not. I know it was my fault, but David was over the top.

ANNA You know he's fiery. And he's a perfectionist.

BOB I told him that I would resubmit the document, but he wouldn't stop nagging.

ANNA He does that to everybody, not only you.

BOB I don't know how everyone is taking it. I don't think I can anymore.

ANNA Take a deep breath and let it go.

BOB I'm not Elsa, you know?

ANNA You're funnier than Elsa for sure. Come on, let's get back to work.

STEP 3부터는 한 문장 또는 한 줄을 STEP 5까지 연습하고,
그다음 줄을 다시 STEP 3부터 STEP 5까지 연습하는 방식입니다.

over the top 너무 심한, 정도가 지나친

fiery (성격이) 불 같은, 화가 많은

perfectionist 완벽주의자

nag 잔소리[싫은 소리]를 하다

take it (비난, 고통 등을) 참다, 견디다

Take a deep breath. 크게 숨을 들이쉬어 봐.

Let it go. 털어 버려., 잊어버려.

➤ 해석

안나   너 괜찮아?

밥   아니. 내 잘못이라는 건 아는데, 그래도 그렇지 데이비드는 너무 심했어.

안나   성격이 불같은 거 알잖아. 게다가 완벽주의자고.

밥   내가 다시 문서 작성해서 제출하겠다고 했는데도, 계속 뭐라고 하는 거야.

안나   너한테 뿐만이 아니라, 모든 사람들한테 그래.

밥   다들 어떻게 참고 사나 몰라. 나는 더 이상 못 참을 것 같구만.

안나   심호흡 한 번 하고, 렛 잇 고(다 털어 버려).

밥   내가 무슨 엘사냐?

안나   확실한 건 네가 엘사보다 더 웃기다는 거다. 자, 이제 또 일하러 가자.

LISTEN AND SPEAK

한 문장 또는 한 줄을 구간 반복 재생해 놓고, 한 번 듣고
일시 정지하고 따라 말하고, 다시 듣고 일시 정지하고
따라 말하기를 익숙해질 때까지 많이 반복해 보세요.

STEP 4 SHADOWING

앞에서 연습한 문장을 구간 반복 재생해 놓고,
동시에 따라 말하기를 자연스럽게 말할 수 있을
때까지 연습해 보세요.

STEP 5 SPEAKING AND RECORDING

연습한 문장을 음원을 듣지 않고 지문도 보지 않고
혼자서 원어민과 가깝게 여러 번 말해 보세요.
그래도 잘 안 될 경우에는 자신의 말을 스마트폰으로
녹음해서 들어 보고 원어민과 최대한 비슷해질 때까지
여러 번 녹음해 보세요.

DAY

66

상사의 승진
축하하기

STEP 1

LISTENING

지문을 보지 않고 이 장의 음원 파일을 귀 기울여 들어 보세요.
보지 않고 듣기만 하면 귀가 소리에 더 집중하고,
많이 들을수록 리스닝 실력도 향상됩니다.

※곰오디오, 알송 등 구간 반복이 되는 오디오 재생 프로그램 추천

READING

다음 지문을 읽고 모르는 단어와 표현은
우측 페이지의 어휘 설명을 참고해서 해석해 보세요.

DONNA   I heard you got a promotion and now you're a district manager.

AARON   Yes, I finally got promoted.

DONNA   I bet your family is super happy.

AARON   My wife is thrilled. She screamed in my ear, and I thought I lost my hearing.

DONNA   Of course, she's happy. You're bringing big moola home, now.

AARON   That's how men earn their wives' love.

DONNA   Well, congratulations! Way to go.

➤ 어휘

promotion 승진

get a promotion / get promoted 승진하다

district manager 관할 구역 매니저

thrilled 신이 난

lose one's hearing 귀먹다

moola (비속어) 돈

earn someone's love '누구'의 사랑을 얻다

➤ 해석

도나 　 승진하셨다고 들었어요. 이제 관할 매니저이시네요.

에런 　 그러게, 드디어 승진했네.

도나 　 가족들이 많이 좋아하시겠어요.

에런 　 내 아내는 아주 신났지. 내 귀에 대고 소리를 지르는 바람에,

　　　 귀먹는 줄 알았다니까.

도나 　 당연히 좋으시겠죠. 당장 집에 가져오는 월급이 달라지는데요.

에런 　 이보게, 아내의 사랑은 그렇게 쟁취하는 것이라네.

도나 　 아무튼 축하드립니다! 잘하셨어요.

STEP 3 LISTEN AND SPEAK

한 문장 또는 한 줄을 구간 반복 재생해 놓고, 한 번 듣고
일시 정지하고 따라 말하고, 다시 듣고 일시 정지하고
따라 말하기를 익숙해질 때까지 많이 반복해 보세요.

STEP 4 SHADOWING

앞에서 연습한 문장을 구간 반복 재생해 놓고,
동시에 따라 말하기를 자연스럽게 말할 수 있을
때까지 연습해 보세요.

STEP 5 SPEAKING AND RECORDING

연습한 문장을 음원을 듣지 않고 지문도 보지 않고
혼자서 원어민과 가깝게 여러 번 말해 보세요.
그래도 잘 안 될 경우에는 자신의 말을 스마트폰으로
녹음해서 들어 보고 원어민과 최대한 비슷해질 때까지
여러 번 녹음해 보세요.

성희롱하는
상사에게 돌직구
던지기

STEP 1

LISTENING

지문을 보지 않고 이 장의 음원 파일을 귀 기울여 들어 보세요.
보지 않고 듣기만 하면 귀가 소리에 더 집중하고,
많이 들을수록 리스닝 실력도 향상됩니다.

※곰오디오, 알송 등 구간 반복이 되는 오디오 재생 프로그램 추천

STEP 2

READING

다음 지문을 읽고 모르는 단어와 표현은
우측 페이지의 어휘 설명을 참고해서 해석해 보세요.

BOSS   You remind me of a Japanese anime character—
the one that has big boobs. What was her name?

MAG   Would you please be more careful with your
words?

BOSS   I'm not insulting you. It's a compliment.

MAG   I don't think anyone would take that as a
compliment.

BOSS   Don't be so touchy.

MAG   Do you know who you remind me of, Mr. Moran?

BOSS   Oh, I want to know. Who do I remind you of?

MAG   Gollum! The only difference is you're obsessed
with boobs, not a magic ring.

STEP 3 부터는 한 문장 또는 한 줄을 STEP 5 까지 연습하고,
그다음 줄을 다시 STEP 3 부터 STEP 5 까지 연습하는 방식입니다.

➤ 어휘

reminds me of 나에게 '누구'를 생각나게 하다, 연상 작용이 일어나다

anime 애니메이션 (※animation의 준말)

boobs (비속어) 가슴

Be careful with your words. 말 조심해라.

insult 모욕하다

take that as ~라고 받아들이다

touchy 예민한

be obsessed with ~에 집착하다, ~를 너무 좋아하다

➤ 해석

상사 자네만 보면 일본 만화 캐릭터가 생각나. 가슴 큰 캐릭터 있잖아.

이름이 뭐더라?

매그 제발 말씀 좀 조심해 주시면 안 될까요?

상사 내가 뭐 나쁜 뜻으로 하는 말이 아니라, 칭찬으로 하는 말이지.

매그 그걸 칭찬으로 받아들이는 사람은 없을 것 같은데요.

상사 너무 예민하게 받아들이지 말고.

매그 저도 모랜 씨만 보면 생각나는 캐릭터가 있는데, 누군지 아세요?

상사 오, 궁금하네. 날 보면 누가 생각나는데?

매그 골룸이요! 다른 점이라면 모랜 씨는 마법 반지 대신 여자 가슴에

집착한다는 거죠.

STEP 3 LISTEN AND SPEAK

한 문장 또는 한 줄을 구간 반복 재생해 놓고, 한 번 듣고
일시 정지하고 따라 말하고, 다시 듣고 일시 정지하고
따라 말하기를 익숙해질 때까지 많이 반복해 보세요.

STEP 4 SHADOWING

앞에서 연습한 문장을 구간 반복 재생해 놓고,
동시에 따라 말하기를 자연스럽게 말할 수 있을
때까지 연습해 보세요.

STEP 5 SPEAKING AND RECORDING

연습한 문장을 음원을 듣지 않고 지문도 보지 않고
혼자서 원어민과 가깝게 여러 번 말해 보세요.
그래도 잘 안 될 경우에는 자신의 말을 스마트폰으로
녹음해서 들어 보고 원어민과 최대한 비슷해질 때까지
여러 번 녹음해 보세요.

DAY

68

퇴근 후
한잔 어때?

LISTENING

지문을 보지 않고 이 장의 음원 파일을 귀 기울여 들어 보세요.
보지 않고 듣기만 하면 귀가 소리에 더 집중하고,
많이 들을수록 리스닝 실력도 향상됩니다.

※ 곰오디오, 알송 등 구간 반복이 되는 오디오 재생 프로그램 추천

READING

다음 지문을 읽고 모르는 단어와 표현은
우측 페이지의 어휘 설명을 참고해서 해석해 보세요.

KAI   TGIF!

DAN   What are you talking about? It's not Friday.

KAI   Thank God It's Five o'clock! I just made it up.

DAN   That's funny. Pretty smart.

KAI   Let's go for a drink. Beer's been calling me
all day.

DAN   I'm still working on something.
Find someone else.

KAI   Just wrap it up, man. Finish tomorrow.
It's on me.

DAN   All right. Just give me a sec.

STEP 3부터는 한 문장 또는 한 줄을 STEP 5까지 연습하고,
그다음 줄을 다시 STEP 3부터 STEP 5까지 연습하는 방식입니다.

I made it up. 내가 지어 낸 거야[꾸며 낸 거야].

Let's go for a drink. 한잔하러 가자.

be still working on 아직 ~하고 있는 중이다, ~가 아직 끝나지 않았다

wrap it up 일을 마무리 짓다, 일과를 마치다

It's on me. 내가 살게.

➤ 해석

카이   TGIF!

댄   무슨 소리야? 금요일도 아닌데.

카이   하느님 감사합니다, 다섯 시예요! 내가 방금 만들어 냈어.

댄   재밌네. 머리 좋은데.

카이   어디 가서 한잔하자. 하루 종일 맥주가 나를 부르는 거 있지.

댄   나는 아직 일이 좀 남았어. 다른 데 가서 알아봐.

카이   야. 그냥 접어. 내일 마무리해. 내가 살게.

댄   알았어. 잠깐만 기다려 봐.

LISTEN AND SPEAK

한 문장 또는 한 줄을 구간 반복 재생해 놓고, 한 번 듣고
일시 정지하고 따라 말하고, 다시 듣고 일시 정지하고
따라 말하기를 익숙해질 때까지 많이 반복해 보세요.

STEP 4 SHADOWING

앞에서 연습한 문장을 구간 반복 재생해 놓고,
동시에 따라 말하기를 자연스럽게 말할 수 있을
때까지 연습해 보세요.

STEP 5 SPEAKING AND RECORDING

연습한 문장을 음원을 듣지 않고 지문도 보지 않고
혼자서 원어민과 가깝게 여러 번 말해 보세요.
그래도 잘 안 될 경우에는 자신의 말을 스마트폰으로
녹음해서 들어 보고 원어민과 최대한 비슷해질 때까지
여러 번 녹음해 보세요.

핑계 대고
회식 빠지기

LISTENING

지문을 보지 않고 이 장의 음원 파일을 귀 기울여 들어 보세요.
보지 않고 듣기만 하면 귀가 소리에 더 집중하고,
많이 들을수록 리스닝 실력도 향상됩니다.

※ 곰오디오, 알송 등 구간 반복이 되는 오디오 재생 프로그램 추천

READING

다음 지문을 읽고 모르는 단어와 표현은
우측 페이지의 어휘 설명을 참고해서 해석해 보세요.

BOSS   Let's go and drink, people! 'Are you ready for
        this? Do do do dodododo~'

SANDRA I'm sorry, but I think I'll have to excuse myself.

BOSS   No, no, no. You can't do this to us. We're a
        team.

SANDRA Actually, my grandma's sister passed away,
        and I need to go to her funeral.

BOSS   Didn't your grandma's brother pass away last
        time we went out?

SANDRA Well, they're old.

BOSS   I'm talking about the timing. It's a little
        suspicious.

SANDRA It's a little odd, isn't it? Well, enjoy your dinner
        and drinks.

STEP 3 부터는 한 문장 또는 한 줄을 STEP 5 까지 연습하고,
그다음 줄을 다시 STEP 3 부터 STEP 5 까지 연습하는 방식입니다.

excuse myself 나는 빠진다, 나는 사정이 좀 있다

pass away 죽다, 돌아가시다

suspicious 의심스러운

odd 이상한

➤ 해석

상사	백성들이여, 가서 마시자!
	"아 유 레디 포 디스? 두두두 두두두두~"
샌드라	죄송하지만, 저는 빠져야 할 것 같아요.
상사	안 되지, 안 돼. 우리한테 이러면 쓰나. 우린 한 팀인데.
샌드라	사실은 이모할머니께서 돌아가셔서 장례식에 가 봐야 해요.
상사	지난번 회식 땐 이모할아버지께서 돌아가셨다고 하지 않았나?
샌드라	뭐, 다들 연세가 있으시니까요.
상사	타이밍을 말하는 거지. 좀 수상해서 말이야.
샌드라	좀 이상하긴 하죠? 아무튼 즐거운 회식 되시길 바랍니다.

STEP 3

LISTEN AND SPEAK

한 문장 또는 한 줄을 구간 반복 재생해 놓고, 한 번 듣고
일시 정지하고 따라 말하고, 다시 듣고 일시 정지하고
따라 말하기를 익숙해질 때까지 많이 반복해 보세요.

STEP 4 SHADOWING

앞에서 연습한 문장을 구간 반복 재생해 놓고,
동시에 따라 말하기를 자연스럽게 말할 수 있을
때까지 연습해 보세요.

STEP 5 SPEAKING AND RECORDING

연습한 문장을 음원을 듣지 않고 지문도 보지 않고
혼자서 원어민과 가깝게 여러 번 말해 보세요.
그래도 잘 안 될 경우에는 자신의 말을 스마트폰으로
녹음해서 들어 보고 원어민과 최대한 비슷해질 때까지
여러 번 녹음해 보세요.

인종 차별하는
외국인을
대하는 법

LISTENING

지문을 보지 않고 이 장의 음원 파일을 귀 기울여 들어 보세요.
보지 않고 듣기만 하면 귀가 소리에 더 집중하고,
많이 들을수록 리스닝 실력도 향상됩니다.

※곰오디오, 알송 등 구간 반복이 되는 오디오 재생 프로그램 추천.

READING

다음 지문을 읽고 모르는 단어와 표현은
우측 페이지의 어휘 설명을 참고해서 해석해 보세요.

AMERICAN   Man, there are foreigners everywhere.
Go back to your countries.

KOREAN   Excuse me. You should go back to your
country, too.

AMERICAN   What? Hey, I'm from here.

KOREAN   You're not Native American. Then you should
leave, too.

AMERICAN   What kind of joke is that?

KOREAN   It's not a joke. It's history. Why don't you go
back to school and study history?

STEP 3부터는 한 문장 또는 한 줄을 STEP 5까지 연습하고,
그다음 줄을 다시 STEP 3부터 STEP 5까지 연습하는 방식입니다.

I'm from here. 저는 여기 사람이에요.

Native American (원래 미대륙에 살고 있던) 미국 인디언

≫ 해석

미국인　세상에, 외국인 천지네. 다들 자기 나라로 돌아가라, 좀.

한국인　실례지만, 댁도 댁의 나라로 돌아가셔야죠.

미국인　뭐라고요? 이봐요. 난 여기 사람이에요.

한국인　인디언이 아니시잖아요. 그럼 댁도 떠나셔야죠.

미국인　무슨 농담이 그래요?

한국인　농담이 아니라, 역사 얘길 하는 건데요. 학교에 다시 가서 역사 공부나
　　　　좀 하시죠?

STEP 3 LISTEN AND SPEAK

한 문장 또는 한 줄을 구간 반복 재생해 놓고, 한 번 듣고
일시 정지하고 따라 말하고, 다시 듣고 일시 정지하고
따라 말하기를 익숙해질 때까지 많이 반복해 보세요.

STEP 4 SHADOWING

앞에서 연습한 문장을 구간 반복 재생해 놓고,
동시에 따라 말하기를 자연스럽게 말할 수 있을
때까지 연습해 보세요.

STEP 5 SPEAKING AND RECORDING

연습한 문장을 음원을 듣지 않고 지문도 보지 않고
혼자서 원어민과 가깝게 여러 번 말해 보세요.
그래도 잘 안 될 경우에는 자신의 말을 스마트폰으로
녹음해서 들어 보고 원어민과 최대한 비슷해질 때까지
여러 번 녹음해 보세요.

- PART -
8

- PART -

8

DAY

71

'스타벅스'에서
주문하기

STEP 1

LISTENING

지문을 보지 않고 이 장의 음원 파일을 귀 기울여 들어 보세요.
보지 않고 듣기만 하면 귀가 소리에 더 집중하고,
많이 들을수록 리스닝 실력도 향상됩니다.

※곰오디오, 알송 등 구간 반복이 되는 오디오 재생 프로그램 추천

READING

다음 지문을 읽고 모르는 단어와 표현은
우측 페이지의 어휘 설명을 참고해서 해석해 보세요.

CLERK Hi, what can I get you?

CUSTOMER A tall white mocha with nonfat milk and no whip cream, please.

CLERK Will that be all?

CUSTOMER And a cheese Danish, please.

CLERK Would you like it warm?

CUSTOMER Yes, please.

CLERK For here, or to go?

CUSTOMER To go, please.

CLERK That will be six thirty-nine.

STEP 3부터는 한 문장 또는 한 줄을 STEP 5까지 연습하고,
그다음 줄을 다시 STEP 3부터 STEP 5까지 연습하는 방식입니다.

304

tall 커피 '스몰' 사이즈

      *grande (그란데) 미디움

      *venti (벤티) 라지

with A A를 넣어서 (↔ **without A** A는 빼고)

Will that be all? 더 주문하실 거 없고요?, 이게 다인가요?

Would you like it warm? 데워 드릴까요?

For here, or to go? 여기서 드실 건가요, 가져가실 건가요?

➤ 해석

점원	안녕하세요, 뭘로 드릴까요?
손님	톨 사이즈(스몰) 화이트 모카, 생크림 빼고 무지방 우유 넣어서 주세요.
점원	다른 건 필요 없으시고요?
손님	치즈 대니시 하나 주세요.
점원	데워 드릴까요?
손님	네, 그래 주세요.
점원	여기서 드실 건가요, 가져가실 건가요?
손님	가져갈 거예요.
점원	6달러 39센트 나왔습니다.

STEP 3 LISTEN AND SPEAK

한 문장 또는 한 줄을 구간 반복 재생해 놓고, 한 번 듣고
일시 정지하고 따라 말하고, 다시 듣고 일시 정지하고
따라 말하기를 익숙해질 때까지 많이 반복해 보세요.

STEP 4 SHADOWING

앞에서 연습한 문장을 구간 반복 재생해 놓고,
동시에 따라 말하기를 자연스럽게 말할 수 있을
때까지 연습해 보세요.

STEP 5 SPEAKING AND RECORDING

연습한 문장을 음원을 듣지 않고 지문도 보지 않고
혼자서 원어민과 가깝게 여러 번 말해 보세요.
그래도 잘 안 될 경우에는 자신의 말을 스마트폰으로
녹음해서 들어 보고 원어민과 최대한 비슷해질 때까지
여러 번 녹음해 보세요.

'서브웨이'에서
주문하기

STEP 1

LISTENING

지문을 보지 않고 이 장의 음원 파일을 귀 기울여 들어 보세요.
보지 않고 듣기만 하면 귀가 소리에 더 집중하고,
많이 들을수록 리스닝 실력도 향상됩니다.

※곰오디오, 알송 등 구간 반복이 되는 오디오 재생 프로그램 추천

READING

다음 지문을 읽고 모르는 단어와 표현은
우측 페이지의 어휘 설명을 참고해서 해석해 보세요.

CUSTOMER Hi, can I get a 6-inch Italian B.M.T., please?

WORKER Sure. What kind of bread would you like?

CUSTOMER Italian, please.

WORKER What kind of cheese?

CUSTOMER Swiss cheese, please.

WORKER Would you like it toasted?

CUSTOMER Yes, please.

WORKER Any veggies?

CUSTOMER Tomato, onion, spinach and avocado, please.

WORKER Which sauce would you like?

CUSTOMER Sweet Onion, please.

WORKER For here, or to go?

CUSTOMER Here, please.

WORKER Would you like chips and a drink?

CUSTOMER Lay's Barbecue Chips and a Coke, please.

STEP 부터는 한 문장 또는 한 줄을 STEP 까지 연습하고,
그다음 줄을 다시 STEP 부터 STEP 까지 연습하는 방식입니다.

the six-inch 6인치

(※샌드위치 사이즈를 말하는 것으로 요구에 따라 1피트 길이의 빵을 그대로 주거나 반으로 잘라 준다.)

Would you like it toasted? 구워 드릴까요?

veggies 야채 (※vegetables의 준말)

Would you like chips and a drink? 과자와 음료도 같이 하시겠어요?

(※미국에서는 샌드위치를 시켰을 때 과자와 음료를 별도로 추가하겠냐고 물어보는 경우가 많다. '서브웨이' 역시 주문의 대미는 과자와 음료 추가 여부로 장식한다.)

➤ 해석

손님 안녕하세요, 이탈리안 비엠티 6인치짜리로 주시겠어요?

점원 네. 빵은 어떤 걸로 하시겠어요?

손님 이탈리안 브레드로 주세요.

점원 치즈는요?

손님 스위스 치즈로 주세요.

점원 구워 드릴까요?

손님 네.

점원 야채는요?

손님 토마토, 양파, 시금치, 아보카도 넣어 주세요.

점원 소스는 어떤 걸로 하실래요?

손님 스윗 어니언이요.

점원 여기서 드실 건가요, 아니면 포장해 드릴까요?

손님 여기서 먹을 거예요.

점원 과자와 음료수 같이 하시겠어요?

손님 레이스 바비큐 맛 감자 칩이랑 콜라 주세요.

STEP 3

LISTEN AND SPEAK

한 문장 또는 한 줄을 구간 반복 재생해 놓고, 한 번 듣고
일시 정지하고 따라 말하고, 다시 듣고 일시 정지하고
따라 말하기를 익숙해질 때까지 많이 반복해 보세요.

SHADOWING

앞에서 연습한 문장을 구간 반복 재생해 놓고,
동시에 따라 말하기를 자연스럽게 말할 수 있을
때까지 연습해 보세요.

SPEAKING AND
RECORDING

연습한 문장을 음원을 듣지 않고 지문도 보지 않고
혼자서 원어민과 가깝게 여러 번 말해 보세요.
그래도 잘 안 될 경우에는 자신의 말을 스마트폰으로
녹음해서 들어 보고 원어민과 최대한 비슷해질 때까지
여러 번 녹음해 보세요.

브런치
주문하기

STEP 1

LISTENING

지문을 보지 않고 이 장의 음원 파일을 귀 기울여 들어 보세요.
보지 않고 듣기만 하면 귀가 소리에 더 집중하고,
많이 들을수록 리스닝 실력도 향상됩니다.

※곰오디오, 알송 등 구간 반복이 되는 오디오 재생 프로그램 추천

STEP 2

READING

다음 지문을 읽고 모르는 단어와 표현은
우측 페이지의 어휘 설명을 참고해서 해석해 보세요.

WAITRESS	What can I get for you to drink?
CUSTOMER	Coffee and water, please.
	(after a few minutes)
WAITRESS	Here's your coffee and water. Do you need a minute, or are you ready?
CUSTOMER	I'm ready. I'll have the pancake breakfast.
WAITRESS	Would you like bacon or sausage with your pancakes?
CUSTOMER	Sausage, please.
WAITRESS	How would you like your eggs?
CUSTOMER	Sunny side up, please.
WAITRESS	All right. It'll be right out.

STEP 3부터는 한 문장 또는 한 줄을 STEP 5까지 연습하고,
그다음 줄을 다시 STEP 3부터 STEP 5까지 연습하는 방식입니다.

Do you need a minute? 시간이 좀 더 필요하세요?

How would you like your eggs? 달걀을 어떻게 요리해 드릴까요?

    *sunny side up 한쪽만 익힌 상태

    *over easy 양쪽 다 살짝 익힌 상태

    *scrambled eggs 스크램블드 에그(휘저어 부친 계란 프라이)

It'll be right out. 곧 나올 거예요.

➤ 해석

종업원   마실 거 뭘로 드릴까요?

손님   커피랑 물 주세요.

   (잠시 후)

종업원   커피와 물 나왔습니다. 메뉴를 좀 더 보시겠어요, 아니면 지금

   주문하시겠습니까?

손님   지금 주문할게요. 팬케이크 아침 식사로 주세요.

종업원   팬케이크와 함께 드실 걸로 베이컨이랑 소시지 중 어떤 걸로

   하시겠습니까?

손님   소시지로 주세요.

종업원   계란은 어떻게 해 드릴까요?

손님   한쪽만 익혀 주세요.

종업원   알겠습니다. 곧 가져다 드리겠습니다.

STEP 3

LISTEN AND SPEAK

한 문장 또는 한 줄을 구간 반복 재생해 놓고, 한 번 듣고
일시 정지하고 따라 말하고, 다시 듣고 일시 정지하고
따라 말하기를 익숙해질 때까지 많이 반복해 보세요.

STEP 4

SHADOWING

앞에서 연습한 문장을 구간 반복 재생해 놓고,
동시에 따라 말하기를 자연스럽게 말할 수 있을
때까지 연습해 보세요.

STEP 5

SPEAKING AND
RECORDING

연습한 문장을 음원을 듣지 않고 지문도 보지 않고
혼자서 원어민과 가깝게 여러 번 말해 보세요.
그래도 잘 안 될 경우에는 자신의 말을 스마트폰으로
녹음해서 들어 보고 원어민과 최대한 비슷해질 때까지
여러 번 녹음해 보세요.

스테이크와 와인 주문하기

지문을 보지 않고 이 장의 음원 파일을 귀 기울여 들어 보세요.
보지 않고 듣기만 하면 귀가 소리에 더 집중하고,
많이 들을수록 리스닝 실력도 향상됩니다.

※곰오디오, 알송 등 구간 반복이 되는 오디오 재생 프로그램 추천

READING

다음 지문을 읽고 모르는 단어와 표현은
우측 페이지의 어휘 설명을 참고해서 해석해 보세요.

WAITER	Good evening. What would you like to drink?
CUSTOMER	A glass of Chardonnay, please.
WAITER	All right. I'll go get your wine.
	(after a few minutes)
WAITER	Here's your Chardonnay. Are you ready to order?
CUSTOMER	Yes. May I have the filet mignon, please?
WAITER	Sure. How would you like your steak?
CUSTOMER	Medium well-done, please.
WAITER	What would you like for your side?
CUSTOMER	A garden salad with ranch dressing sounds good to me.

STEP 3부터는 한 문장 또는 한 줄을 STEP 5까지 연습하고,
그다음 줄을 다시 STEP 3부터 STEP 5까지 연습하는 방식입니다.

filet mignon 필레미뇽, 안심 스테이크 (※가장 부드러운 최고급 안심 부위)

How would you like your steak? 고기를 얼마나 익혀 드릴까요?

> ***well-done** 바싹 굽기
> ***medium well-done** 고기 안에 붉은 기가 약간 돌 정도로만 굽기
> ***rare** 살짝만 굽기

side (dish) 곁들임 요리 (※메인 메뉴에 달려 나오는 수프, 샐러드, 밥 등을 말한다.)

garden salad 야채 샐러드

ranch dressing 랜치 드레싱 (※마요네즈와 버터밀크를 섞어 만든 샐러드 드레싱)

A sounds good to me. A가 좋을 것 같아요., A가 마음에 들어요.

➤ 해석

종업원 안녕하십니까? 음료는 무엇으로 하시겠습니까?

손님 샤도네이 한 잔 주세요.

종업원 알겠습니다. 곧 와인 가져다 드리겠습니다.

(잠시 후)

종업원 샤도네이 나왔습니다. 주문하시겠습니까?

손님 네. 필레미뇽으로 주시겠어요?

종업원 알겠습니다. 고기는 어떻게 준비해 드릴까요?

손님 미디엄 웰던으로 해 주세요.

종업원 사이드로 무얼 드시겠습니까?

손님 야채 샐러드에 랜치 드레싱이 좋을 것 같네요.

STEP 3 LISTEN AND SPEAK

한 문장 또는 한 줄을 구간 반복 재생해 놓고, 한 번 듣고
일시 정지하고 따라 말하고, 다시 듣고 일시 정지하고
따라 말하기를 익숙해질 때까지 많이 반복해 보세요.

STEP 4

SHADOWING

앞에서 연습한 문장을 구간 반복 재생해 놓고,
동시에 따라 말하기를 자연스럽게 말할 수 있을
때까지 연습해 보세요.

STEP 5

SPEAKING AND
RECORDING

연습한 문장을 음원을 듣지 않고 지문도 보지 않고
혼자서 원어민과 가깝게 여러 번 말해 보세요.
그래도 잘 안 될 경우에는 자신의 말을 스마트폰으로
녹음해서 들어 보고 원어민과 최대한 비슷해질 때까지
여러 번 녹음해 보세요.

DAY

75

교환하려다
환불 받기

STEP 1

LISTENING

지문을 보지 않고 이 장의 음원 파일을 귀 기울여 들어 보세요.
보지 않고 듣기만 하면 귀가 소리에 더 집중하고,
많이 들을수록 리스닝 실력도 향상됩니다.

※ 곰오디오, 알송 등 구간 반복이 되는 오디오 재생 프로그램 추천

READING

다음 지문을 읽고 모르는 단어와 표현은
우측 페이지의 어휘 설명을 참고해서 해석해 보세요.

CUSTOMER I bought this shirt yesterday, but I need one size up. Can I exchange it for a medium?

CLERK I don't think we have it in that size, but let me double check.

CUSTOMER Thank you so much. I should have tried it on before purchasing.

CLERK No problem.

(in a second)

CLERK We don't have that size.

CUSTOMER Do you have more in the back?

CLERK I'm sorry, but everything is out. Would you like a refund?

CUSTOMER Yes, please. I really liked that shirt, though.

CLERK I know. It's cute.

STEP 3부터는 한 문장 또는 한 줄을 STEP 5까지 연습하고,
그다음 줄을 다시 STEP 3부터 STEP 5까지 연습하는 방식입니다.

one size up 한 치수 큰 것 (↔ **one size down** 한 치수 작은 것)

double check 재확인하다, 다시 한번 확인하다

try it on 입어 보다

in the back 뒤에, 창고에

Everything is out. 물건을 전부 다 내놓은 거예요., 이게 전부예요.

Would you like a refund? 환불해 드릴까요?

➤ 해석

손님 어제 이 셔츠를 샀는데요, 한 치수 큰 게 필요해서요. 미디엄 사이즈로 교환해도 될까요?

점원 미디엄이 없는 것 같은데, 다시 한번 확인해 볼게요.

손님 정말 고맙습니다. 사기 전에 입어 봤어야 하는 건데.

점원 괜찮습니다.

(잠시 후)

점원 그 사이즈가 없네요.

손님 창고에도 없을까요?

점원 죄송하지만, 물건이 전부 다 나와 있는 상태라서요. 환불해 드릴까요?

손님 네, 그렇게 해 주세요. 진짜 마음에 들었는데.

점원 그러니까요. 참 예쁘죠.

STEP 3

LISTEN AND SPEAK

한 문장 또는 한 줄을 구간 반복 재생해 놓고, 한 번 듣고
일시 정지하고 따라 말하고, 다시 듣고 일시 정지하고
따라 말하기를 익숙해질 때까지 많이 반복해 보세요.

STEP 4 SHADOWING

앞에서 연습한 문장을 구간 반복 재생해 놓고,
동시에 따라 말하기를 자연스럽게 말할 수 있을
때까지 연습해 보세요.

STEP 5 SPEAKING AND RECORDING

연습한 문장을 음원을 듣지 않고 지문도 보지 않고
혼자서 원어민과 가깝게 여러 번 말해 보세요.
그래도 잘 안 될 경우에는 자신의 말을 스마트폰으로
녹음해서 들어 보고 원어민과 최대한 비슷해질 때까지
여러 번 녹음해 보세요.

슈퍼마켓 비닐봉지가 찢어졌을 때

STEP 1

LISTENING

지문을 보지 않고 이 장의 음원 파일을 귀 기울여 들어 보세요.
보지 않고 듣기만 하면 귀가 소리에 더 집중하고,
많이 들을수록 리스닝 실력도 향상됩니다.

※곰오디오, 알송 등 구간 반복이 되는 오디오 재생 프로그램 추천

READING

다음 지문을 읽고 모르는 단어와 표현은
우측 페이지의 어휘 설명을 참고해서 해석해 보세요.

CUSTOMER　Excuse me. I just bought a jar of pasta sauce, but look at this.

CLERK　Oh, my gosh! What happened?

CUSTOMER　The plastic bag ripped open by itself and the pasta jar fell out and broke.

CLERK　Oh, no. I should have doubled up the plastic bag for heavy stuff like that.

CUSTOMER　Since it's not my fault, can I get a new one, please?

CLERK　Of course. Go ahead and get another one.

CUSTOMER　I really appreciate it.

부터는 한 문장 또는 한 줄을　　　까지 연습하고,
그다음 줄을 다시　　부터　　까지 연습하는 방식입니다.

> **어휘**

jar 유리병

rip open 찢어지다

by itself 저절로

double up 두 겹으로 하다

Go ahead. 그렇게 하세요.

> **해석**

손님   저기요. 방금 전에 파스타 소스를 샀는데요, 이것 좀 보세요.

점원   세상에! 어쩌다 그렇게 된 거예요?

손님   비닐봉지가 저절로 찢어지더니 파스타 병이 떨어져서 깨졌어요.

점원   아우, 이를 어째. 이렇게 무거운 건 봉지를 두 겹으로 겹쳐 드렸어야 하는 건데.

손님   제 잘못으로 그런 것도 아니니까, 새 걸로 다시 가져갈 수 있을까요?

점원   그럼요. 새 걸로 하나 가져가세요.

손님   정말 감사합니다.

STEP 3

LISTEN AND SPEAK

한 문장 또는 한 줄을 구간 반복 재생해 놓고, 한 번 듣고
일시 정지하고 따라 말하고, 다시 듣고 일시 정지하고
따라 말하기를 익숙해질 때까지 많이 반복해 보세요.

STEP 4 SHADOWING

앞에서 연습한 문장을 구간 반복 재생해 놓고,
동시에 따라 말하기를 자연스럽게 말할 수 있을
때까지 연습해 보세요.

STEP 5 SPEAKING AND RECORDING

연습한 문장을 음원을 듣지 않고 지문도 보지 않고
혼자서 원어민과 가깝게 여러 번 말해 보세요.
그래도 잘 안 될 경우에는 자신의 말을 스마트폰으로
녹음해서 들어 보고 원어민과 최대한 비슷해질 때까지
여러 번 녹음해 보세요.

DAY

77

벼룩시장에서
물건값 흥정하기

STEP 1

LISTENING

지문을 보지 않고 이 장의 음원 파일을 귀 기울여 들어 보세요.
보지 않고 듣기만 하면 귀가 소리에 더 집중하고,
많이 들을수록 리스닝 실력도 향상됩니다.

※ 곰오디오, 알송 등 구간 반복이 되는 오디오 재생 프로그램 추천

READING

다음 지문을 읽고 모르는 단어와 표현은
우측 페이지의 어휘 설명을 참고해서 해석해 보세요.

CUSTOMER   Oh, I love this hat.

VENDOR   Isn't that cute? It looks great on you.

CUSTOMER   Thank you. How much is it?

VENDOR   It's 35 bucks.

CUSTOMER   It's a little pricy. Can you cut it down a little
           bit, please?

VENDOR   This is a one of a kind, and it's really well
           made. It's not expensive for what it is.

CUSTOMER   How about 30? I wasn't going to buy a hat so
           it's a little painful to spend that much on it.

VENDOR   All right. I guess the hat goes home with you.

CUSTOMER   Thank you so much. I really appreciate it.

STEP 부터는 한 문장 또는 한 줄을 STEP 까지 연습하고,
그다음 줄을 다시 STEP 부터 STEP 까지 연습하는 방식입니다.

A looks great on you. A가 당신에게 잘 어울리네요.

pricy 비싼

Can you cut it down? 깎아 주실 수 있나요?

one of a kind 세상에 하나밖에 없는[독특한] 것

well made 잘 만들어진

It's painful to ~. ~하기가 좀 그렇다[힘들다 / 고역이다].

➤ 해석

손님   어머, 이 모자 너무 예쁘다.

행상인   예쁘죠? 손님한테 그 모자가 정말 잘 어울리네요.

손님   고맙습니다. 얼마예요?

행상인   35달러입니다.

손님   좀 비싸네요. 좀 깎아 주실 수 있으세요?

행상인   디자인이 독특한 데다 굉장히 잘 만들어진 거라, 물건에 비해 비싼

           가격이 아니에요.

손님   30달러에 안 될까요? 모자를 사려고 했던 게 아니라서 여기다가 돈을

           쓴다는 게 좀 속이 쓰려서요.

행상인   그럽시다. 아무래도 저 모자가 손님 것 같네요.

손님   고맙습니다. 정말 감사드려요.

STEP 3   LISTEN AND SPEAK

한 문장 또는 한 줄을 구간 반복 재생해 놓고, 한 번 듣고
일시 정지하고 따라 말하고, 다시 듣고 일시 정지하고
따라 말하기를 익숙해질 때까지 많이 반복해 보세요.

STEP 4

SHADOWING

앞에서 연습한 문장을 구간 반복 재생해 놓고,
동시에 따라 말하기를 자연스럽게 말할 수 있을
때까지 연습해 보세요.

STEP 5

SPEAKING AND
RECORDING

연습한 문장을 음원을 듣지 않고 지문도 보지 않고
혼자서 원어민과 가깝게 여러 번 말해 보세요.
그래도 잘 안 될 경우에는 자신의 말을 스마트폰으로
녹음해서 들어 보고 원어민과 최대한 비슷해질 때까지
여러 번 녹음해 보세요.

78

내 앞에
새치기하는 사람

STEP 1

LISTENING

지문을 보지 않고 이 장의 음원 파일을 귀 기울여 들어 보세요.
보지 않고 듣기만 하면 귀가 소리에 더 집중하고,
많이 들을수록 리스닝 실력도 향상됩니다.

※곰오디오, 알송 등 구간 반복이 되는 오디오 재생 프로그램 추천

READING

다음 지문을 읽고 모르는 단어와 표현은
우측 페이지의 어휘 설명을 참고해서 해석해 보세요.

WOMAN   Excuse me. The line ends way back there.

MAN   I know.

WOMAN   I'm sorry, but you just cut in front of me.

MAN   No, I just went to check on something and
        came back.

WOMAN   I think you're confused. This is not your spot.

MAN   Is it a big deal?

WOMAN   Yes, it is. You're not supposed to cut in line.

MAN   Some people are so sensitive.

WOMAN   Excuse me?

MAN   Nothing. Never mind.

부터는 한 문장 또는 한 줄을   까지 연습하고,
그다음 줄을 다시   부터   까지 연습하는 방식입니다.

➤ 어휘

way back there 저 뒤에

confused 착각한, 혼돈하는

You're not supposed to ~. ~하면 안 된다.

sensitive 예민한

check on ~를 확인하다

spot 자리

cut in line 새치기하다

Never mind. 됐어요., 아니에요.

➤ 해석

여자   저기요. 줄 저쪽에 서야 하는데요.

남자   알아요.

여자   죄송하지만, 지금 제 앞으로 끼어드셨거든요.

남자   아닌데요. 뭣 좀 확인하고 다시 돌아온 건데요.

여자   뭔가 착각하신 모양인데요. 이 자리가 아니에요.

남자   이게 뭐 그렇게 큰일이에요?

여자   네, 큰일이에요. 새치기하시면 안 되죠.

남자   이렇게 예민한 사람들이 꼭 있다니까.

여자   뭐라고요?

남자   아무것도 아니에요. 신경 쓰지 마세요.

STEP 3 LISTEN AND SPEAK

한 문장 또는 한 줄을 구간 반복 재생해 놓고, 한 번 듣고
일시 정지하고 따라 말하고, 다시 듣고 일시 정지하고
따라 말하기를 익숙해질 때까지 많이 반복해 보세요.

STEP 4 SHADOWING

앞에서 연습한 문장을 구간 반복 재생해 놓고,
동시에 따라 말하기를 자연스럽게 말할 수 있을
때까지 연습해 보세요.

STEP 5 SPEAKING AND RECORDING

연습한 문장을 음원을 듣지 않고 지문도 보지 않고
혼자서 원어민과 가깝게 여러 번 말해 보세요.
그래도 잘 안 될 경우에는 자신의 말을 스마트폰으로
녹음해서 들어 보고 원어민과 최대한 비슷해질 때까지
여러 번 녹음해 보세요.

룸메이트
광고 보고
전화 통화하기

LISTENING

지문을 보지 않고 이 장의 음원 파일을 귀 기울여 들어 보세요.

보지 않고 듣기만 하면 귀가 소리에 더 집중하고,

많이 들을수록 리스닝 실력도 향상됩니다.

※ 곰오디오, 알송 등 구간 반복이 되는 오디오 재생 프로그램 추천

READING

다음 지문을 읽고 모르는 단어와 표현은
우측 페이지의 어휘 설명을 참고해서 해석해 보세요.

SARAH   Hi, are you looking for a roommate?

JUSTIN   Yes, I am.

SARAH   Well, it says the rent is 550 dollars a month.
Does this price include utilities?

JUSTIN   No. We'll share the bills each month.

SARAH   I see. So, the bills will be separate on top of the
rent.

JUSTIN   Yes. Do you want to see the room first? It's
pretty spacious.

SARAH   I guess I would. What is a convenient time for
you?

JUSTIN   Anytime after 7. Would you like to come today?

SARAH   Today works. I'll see you around 7: 30.

JUSTIN   Sounds good. See you soon.

STEP 3부터는 한 문장 또는 한 줄을 STEP 5까지 연습하고,
그다음 줄을 다시 STEP 3부터 STEP 5까지 연습하는 방식입니다.

roommate 방 또는 집을 나눠서 함께 쓰는 사람

It says ~. ~라고 쓰여 있다.

utilities (전기세, 수도세, 인터넷 등)각종 요금

share the bills 요금을 (사람수 대로) 나눠서 내다

A is separate. A는 별도예요.

on top of ~에 덧붙여서, 게다가

work ~가 되다, ~가 가능하다

➤ 해석

사라 안녕하세요, 룸메이트 찾으세요?

저스틴 네, 맞아요.

사라 음, 여기에 한 달에 550달러라고 적혀 있는데요. 수도세와 전기세 다
포함된 가격인가요?

저스틴 아뇨. 그건 매달 우리가 나눠서 같이 내요.

사라 그렇군요. 그럼 방값에 공공요금이 추가로 또 붙는 거네요.

저스틴 네. 우선 방 먼저 보시겠어요? 꽤 넓어요.

사라 그러죠, 뭐. 몇 시가 좋으세요?

저스틴 7시 이후면 아무 때나 괜찮아요. 오늘 오실래요?

사라 오늘 괜찮아요. 그럼 7시 30분경에 뵐게요.

저스틴 네, 그렇게 하죠. 그럼 있다가 뵐게요.

STEP 3 LISTEN AND SPEAK

한 문장 또는 한 줄을 구간 반복 재생해 놓고, 한 번 듣고
일시 정지하고 따라 말하고, 다시 듣고 일시 정지하고
따라 말하기를 익숙해질 때까지 많이 반복해 보세요.

STEP 4 SHADOWING

앞에서 연습한 문장을 구간 반복 재생해 놓고,
동시에 따라 말하기를 자연스럽게 말할 수 있을
때까지 연습해 보세요.

STEP 5 SPEAKING AND RECORDING

연습한 문장을 음원을 듣지 않고 지문도 보지 않고
혼자서 원어민과 가깝게 여러 번 말해 보세요.
그래도 잘 안 될 경우에는 자신의 말을 스마트폰으로
녹음해서 들어 보고 원어민과 최대한 비슷해질 때까지
여러 번 녹음해 보세요.

DAY

80

구인 공고 보고 아르바이트 문의하기

STEP 1

LISTENING

지문을 보지 않고 이 장의 음원 파일을 귀 기울여 들어 보세요.
보지 않고 듣기만 하면 귀가 소리에 더 집중하고,
많이 들을수록 리스닝 실력도 향상됩니다.

※ 곰오디오, 알송 등 구간 반복이 되는 오디오 재생 프로그램 추천

READING

다음 지문을 읽고 모르는 단어와 표현은
우측 페이지의 어휘 설명을 참고해서 해석해 보세요.

MAN	Excuse me. Are you looking for a server?
OWNER	Yes. Are you interested in the position?
MAN	Yes, I am.
OWNER	Have a seat. Do you have restaurant experience?
MAN	No, this will be my first restaurant job.
OWNER	Well, that's OK. The job is not hard at all. It's minimum wage, though.
MAN	I'm OK with it.
OWNER	Oh, good. Tips will help, anyway. When can you start?
MAN	Oh, I can start right away.
OWNER	Today is your first day, then.

STEP 3부터는 한 문장 또는 한 줄을 STEP 5까지 연습하고,
그다음 줄을 다시 STEP 3부터 STEP 5까지 연습하는 방식입니다.

➤ 어휘

server 웨이터, 웨이트리스, 종업원

position 일자리, 직위

Have a seat. 앉으세요.

minimum wage 최저 임금

right away 바로

➤ 해석

남자   실례합니다. 서빙할 사람을 구하시나요?

주인   네. 관심 있으세요?

남자   네.

주인   앉으세요. 식당 경험은 있으시고요?

남자   아뇨. 이번이 처음입니다.

주인   뭐, 괜찮아요. 힘든 일은 아니니까. 근데 최저 임금이라.

남자   그건 괜찮습니다.

주인   좋아요. 팁 받는 게 도움이 되긴 하니까요. 언제부터 일할 수 있어요?

남자   아, 바로 시작할 수 있습니다.

주인   그럼 오늘 첫 출근합시다.

STEP 3   LISTEN AND SPEAK

한 문장 또는 한 줄을 구간 반복 재생해 놓고, 한 번 듣고
일시 정지하고 따라 말하고, 다시 듣고 일시 정지하고
따라 말하기를 익숙해질 때까지 많이 반복해 보세요.

STEP 4 SHADOWING

앞에서 연습한 문장을 구간 반복 재생해 놓고,
동시에 따라 말하기를 자연스럽게 말할 수 있을
때까지 연습해 보세요.

STEP 5 SPEAKING AND RECORDING

연습한 문장을 음원을 듣지 않고 지문도 보지 않고
혼자서 원어민과 가깝게 여러 번 말해 보세요.
그래도 잘 안 될 경우에는 자신의 말을 스마트폰으로
녹음해서 들어 보고 원어민과 최대한 비슷해질 때까지
여러 번 녹음해 보세요.

일상 영어회화 섀도잉

초판 1쇄 발행 2019년 9월 10일
초판 6쇄 발행 2023년 8월 25일

지은이 June Sweeney
펴낸이 홍성은
펴낸곳 바이링구얼
교정 · 교열 임나윤
디자인 렐리시, 르마

출판등록 2011년 1월 12일
주소 서울 마포구 월드컵북로5나길 18, 217호
전화 (02) 6015-8835 **팩스** (02) 6455-8835
메일 nick0413@gmail.com

ISBN 979-11-85980-30-0 13740